D1663036

Sternenkind

Brigitte Trümpy-Birkeland

Sternenkind

Wie Till seinen Himmel fand

WÖRTERSEH

© 2014 Wörterseh Verlag, Gockhausen

Lektorat: Brigitte Matern, Konstanz
Korrektorat: Claudia Bislin und Andrea Leuthold, beide in Zürich
Umschlaggestaltung: Thomas Jarzina, Holzkirchen
Foto Umschlag vorn: Privatarchiv, Till, sechs Monate vor der Krebsdiagnose
Foto Umschlag hinten: Privatarchiv, Till und Malin im Krankenhaus
Layout und Satz: Lucius Keller, Zürich
Herstellerische Betreuung: Andrea Leuthold, Zürich
Druck und Bindung: CPI – Ebner & Spiegel, Ulm

Print ISBN 978-3-03763-044-0
E-Book ISBN 978-3-03763-550-6

www.woerterseh.ch

MIX
Papier aus verantwor-
tungsvollen Quellen
FSC® C006701

Für Neele und Malin,
als Erinnerung an ihren Sternenbruder

Für Kerstin, Simon und alle Menschen,
die Till so liebend, fürsorglich und achtsam
zu den Sternen begleitet haben

Inhalt

Vorwort   9

Kleine Schwester Eh   13
Nur so wird es gehen   20
La vita è bella   27
Hunderttausend Tränen und mehr   35
Die ungeliebte Perle   40
Ein Sonnenstrahl im Keller   47
Luftballons für den Helden   54
Fingerspitzengefühl   57
Ein Lämpchen brennt mindestens   64
Kleiner Pfleger Aaron   67
Herkulesübungen   74
Nichts kostbarer als Zeit   80
Und küsst sie, immer wieder   84
Eisbären auf weißem Schnee   89
Ruhig bleiben wie ein Buddha   96
Auf Papa Molls Spuren   101
Der Dunkelheit keine Chance geben   104
Diese aberwitzige kleine Hoffnung   109
Lindgrün unter Zirbelholz   116
Träumen im Nachtzug   124

Hoch den Bayern-Schal!   128
Flügel wachsen   139
Der flüsternde Schmetterling   145
Ein Segelschiff aus bunten Tüchern   150
Tills Flug   154
Auch das ein Stück Himmel   158
Gut Nacht, ihr Goldschätze   162
Lachen, bis die Sterne wackeln   166

Nach dem Sturm   171
Drei Generationen unterwegs   177

Nachtrag   181
Dank   183

Glossar   187

Vorwort

Brigitte Trümpy-Birkeland erzählt in ihrem Buch »Sternen-kind« die berührende Geschichte ihres Enkelsohns Till, der im Alter von sechs Jahren an einem Hirntumor erkrankte. Es ist ein berührendes Buch über ein Lebensthema, das uns alle betrifft, denn wir alle unterliegen der Dualität von Leben und Tod, dem Wechselspiel von Geborenwerden und Ster-ben. Die Erfahrung des Abschiednehmens ist für uns Men-schen ein schmerzvoller Prozess, der – ganz besonders, wenn ein Kind schwer erkrankt und diese Erde viel zu früh wieder verlässt – tief greifende Trauer auslöst.

So vieles, was ich in meiner Arbeit als Psychologin auf der onkologischen Abteilung des Kinderspitals Zürich von all den betroffenen Familien im Verlauf vieler Jahre gelernt habe, finde ich in diesem Buch vereint. Mit den aufmerksa-men und weisen Augen einer Großmutter beschreibt Brigitte Trümpy-Birkeland all die Veränderungen, die das Schicksal einer schweren Erkrankung im Kindesalter mit sich bringt. Sie tut dies, ohne die Dinge zu beschönigen, ehrlich und au-thentisch. Sie erzählt davon, wie die Diagnose den Alltag auf den Kopf stellt und sich dadurch die Prioritäten im Leben schlagartig verschieben. Gleichzeitig beschreibt sie – und das ist das außerordentlich Wertvolle an diesem Buch –, wie es

Till und seiner Familie immer wieder gelingt, das Beste aus der schier ausweglosen Situation zu zaubern.

Respektvoll staunend, erzählt die Autorin von der außergewöhnlichen Kraft der Eltern, mit welcher diese Till während seiner Erkrankung immer wieder vor Bedrohlichem schützen. Es gelingt ihnen, trotz eigenen Sorgen um das Leben ihres »kleinen Mannes« beängstigende Situationen in kindgerechte Spiele zu verwandeln. Dieses Buch ist reich an Beispielen, wie aus fast unerträglichen Situationen durch die Gabe des aktiven Gestaltens und durch unkonventionelle Kreativität Angst reduziert, ja manchmal sogar in Humorvolles transformiert werden kann. Welch wertvolleres Geschenk kann es für ein schwer krankes Kind geben?

»Sternenkind« handelt ebenso von einer außergewöhnlichen Geschwisterbeziehung. Rührend sorgen sich Malin und Till umeinander und gehen gemeinsam durch dick und dünn. Trotz – oder vermutlich wegen – eigenen frühen Erfahrungen mit einer schweren Erkrankung besticht Malin als äußerst feinfühliges Mädchen mit tausend Antennen. Sie zaubert einem beim Lesen ein Lächeln aufs Gesicht, wenn sie traurige Wörter in bunte, hoffnungsvolle verwandelt. Wie herzerfrischend, wenn Sprache Ängste reduzieren hilft.

Durch die liebevolle Unterstützung seiner Familie wird Till in Zeiten tiefer Ängste immer wieder aufgefangen, findet Sicherheit spendenden Trost und wird mit seinen sorgenvollen Gedanken nie alleingelassen. Eingebettet in den Schoß seiner Nächsten, beginnt sich Erstaunliches zu entwickeln. Mittels kindlicher Neugierde und einer tiefgründigen Weisheit, wie sie oft bei schwer erkrankten Kindern anzutreffen ist, eröffnet sich Till ein spiritueller Weg, der in seiner Selbstverständlichkeit tief berührt.

Seit über zwanzig Jahren arbeite ich mit schwer erkrankten Kindern und ihren Familien und begleite das Weinen und das Lachen, das Hoffen und das Bangen betroffener Familien. In dieser Zeit habe ich eines immer wieder erfahren; wenn Krankheiten Hilflosigkeit und Angst auslösen, bietet ein würdevoller und respektvoller Umgang der Verzweiflung die Stirn. Würde ist dann die Kraft, die es ermöglicht, durch Schmerzvolles hindurchzuschreiten, ohne daran zu zerbrechen. Und dort, wo Menschen an ihre Grenzen stoßen und daran nicht verzweifeln, entsteht tiefe Weisheit. Schwer kranke Kinder verfügen über diese und sind uns Erwachsenen oft weit voraus.

»Sternenkind« handelt von Liebe, Würde und Weisheit. Ich empfehle Ihnen wärmstens, es zu lesen.

Danke, liebe Brigitte, dass du die Geschichte von Till und seiner Familie mit uns teilst.

Rosanna Abbruzzese Monteagudo
Zürich, im März 2014

Rosanna Abbruzzese Monteagudo ist Fachpsychologin für Psychotherapie FSP an der Universitäts-Kinderklinik in Zürich.

Kleine Schwester Eh

Am 19. Dezember 1999 geht eine Sternschnuppe über unserem Glärnisch nieder und verzaubert den ganz gewöhnlichen Adventstag in einen der schönsten Tage unseres Lebens: Unsere Tochter Kerstin und ihr Mann Simon sind Eltern geworden. Till Noah, unser erstes Enkelkind ist da. Wir laden unseren Sohn Nils mit seiner Freundin Marielle ins Auto und machen uns sofort auf den Weg ins Spital, weil wir es kaum erwarten können, das neue Menschlein in die Arme nehmen zu dürfen. So sehr haben wir uns auf Till gefreut. Als wir ankommen, herrscht noch immer Aufregung, weil seine Kopfgröße etwas außerhalb der Norm ist. Ein Ultraschall zeigt jedoch, dass die Besorgnis unbegründet und alles in Ordnung ist. Da liegt er nun in seinem Bettchen, so zart und wunderschön, schaut uns mit großen Augen an. Innert Sekunden hat er unsere Herzen erobert, und schwups ist klar, dass wir jeden Weg mit ihm gehen werden.

Glücklich machen wir uns wieder auf den Heimweg. Heiri und ich sind jetzt stolze Großeltern und fühlen uns großartig in unserer neuen Rolle als »Meme und Pepe«. Diese Namen haben wir gewählt, weil sie so schön klingen und mich an meine Wurzeln in der französischsprachigen Westschweiz erinnern. Wieder zu Hause in unserem gelben

Haus in Netstal, lassen wir die Korken knallen und feiern dieses neue Menschlein.

Schon bald kommt uns Till mit seiner Mama zum ersten Mal besuchen. Heiri holt die beiden mit dem Auto in Zürich ab. An diesem Tag tobt der Sturm Lothar durchs Land, fällt wutentbrannt Bäume, als wären sie Streichhölzer. Ich schaue besorgt zu den Wäldern hoch, die sich in unserem engen Tal an den Berghängen zu lichten beginnen, und das Wort Weltuntergang geht mir durch den Kopf. Ich bin froh, als die drei sicher bei uns ankommen. Der erste Sturm in Tills Leben ist bezwungen. Kerstin kommt von nun an jede Woche für zwei Tage zu uns, weil sie möchte, dass Till in der Großfamilie aufwächst. Meine Mutter wohnt im Hausteil neben uns, und alle zusammen genießen wir dieses Glück wie kein anderes. Der Kleine, von meiner welschen Maman liebevollst »petit monsieur«, kleiner Mann, genannt, fühlt sich schnell zu Hause bei uns und wandert vom einen Arm in den andern. Für uns Großeltern ist es selbstverständlich, dass wir Raum schaffen für ihn in unseren Lebensplänen und Agenden. Was gibt es Bereichernderes, als so ein Menschlein zu begleiten? Till kommt auch an Wochenenden und wenn Mama und Papa mal verreisen möchten. Er liebt uns genauso innig wie wir ihn.

Als er fast zwei Jahre alt ist, bekommt er eine kleine Schwester. Sie heißt Malin Naja. Ihr zweiter Name bedeutet »kleine Schwester« in der Sprache der Inuit. Er braucht Zeit, um sich wirklich darüber freuen zu können, nennt sie nur »Eh«. Aber bald wird er, der sanfte, gutmütige, filigrane Till, zu einem wunderbaren Bruder. Doch dann wird sein Schwesterchen krank, noch nicht einmal ein Jahr ist Malin da alt. Ein Arzt hatte sie geimpft, weil in der Toskana, wo wir alle zur Hochzeit meiner Nichte eingeladen sind, eine Masernepidemie umgeht. Kaum in Grosseto angekommen, bekommt Malin hohes Fieber. Sie schreit vor Schmerzen, fast ohne Unterlass. Als Kerstin mit ihr zum Arzt geht, sagt er, das Kind sei nicht mehr transportfähig, müsse umgehend ins nächste Spital. Heiri und ich sind noch auf Elba, als unser Sohn Nils anruft und mich bittet, sofort zu kommen. Weinend und voller Angst nehme ich die nächste Fähre zum Festland, wo er mich abholt und direkt in das Spital bringt. Malin schreit und wälzt sich hin und her. Wir kommen nicht zurecht in diesem Krankenhaus, dessen Betrieb und Regeln uns unbekannt sind. Unser Italienisch ist schlecht, das Pflegepersonal vielleicht auch deswegen unfreundlich und barsch. Statt uns zu erklären, wie alles funktioniert, gibt man sich abweisend und teilnahmslos gegenüber uns Ausländern. Da ist es plötzlich weg, dieses Bella Italia aus den Hochglanzprospekten, mit den lachenden, fröhlichen Menschen. Ein anderes Italien zeigt uns sein Gesicht, macht uns bestürzt und fassungslos.

Die Ärzte vermuten eine Blasenentzündung. Malin schreit weiter, und nichts kann sie beruhigen. Wir sind außer uns vor Sorge. Die Pflegenden schimpfen, weil der Alarm am Infusionsständer ständig losgeht, und verlangen, jemand von uns müsse sich ins Kinderbett legen, um die Kleine nach unten zu drücken und ruhig zu halten. Ein Albtraum. Simon und Kerstin schalten die Schweizer Rettungsflugwacht Rega ein, die sich umgehend mit dem Spital in Verbindung setzt. Das italienische Personal wird noch unfreundlicher, und wir bekommen Panik. Malin beißt sich die Zunge und die Fäustchen wund. Und wir stehen hilflos daneben, zunehmend wütend.

Dann kündigt sich endlich dieses erlösende Flugzeug mit dem weißen und dem roten Kreuz an, das die kleine Patientin auf dem Militärflugplatz bei Grosseto aufnehmen will. Nie zuvor hat es sich so großartig angefühlt, Schweizer zu sein. Das Spitalpersonal hängt Malin einfach von allen Infusionen ab und drückt sie dem Papa in die Arme. Keine Ambulanz bringt das schwer kranke, schreiende Kind zum Flugplatz, Simon und Kerstin müssen das ganz allein schaffen. Und Wegweiser gibt es auch keine. Als sie den Flugplatz endlich finden, erklärt der Militärposten, dass nun Mittagspause und das Gelände geschlossen sei. In der Gluthitze dieses Sommertags muss die verzweifelte Familie vor dem Tor auf das Eintreffen der Maschine warten. Erst die Rega-Mannschaft schafft es dann, die Menschen auf Trab zu bringen und ihnen klarzumachen, dass es hier um Leben und Tod geht. Im Flugzeug hört Malin zum ersten Mal auf zu schreien, so als würde sie spüren, dass sie jetzt in Sicherheit ist, zusammen mit ihrer unendlich erleichterten Mama und diesen liebevollen Rettern an Bord. Simon folgt den beiden mit dem Auto.

Till bleibt bei uns in der Toskana, aber unsere heile Welt hat plötzlich Risse bekommen. Trotzdem sind wir erst mal einfach erleichtert und dankbar, Malin nun im Kinderspital Zürich zu wissen. Diese Tage im Süden sind uns unvergesslich, leicht und schwer zugleich. Till ist so glücklich und zufrieden, fröhlich vor sich hinplappernd, spielt er mit seinen Plastiktieren. Er genießt die langen Sommerabende mit all den großen und kleinen Hochzeitsgästen inmitten dieser zauberhaften Bilderbuchlandschaft.

Malin schreit auch in Zürich weiter, aber die Rahmenbedingungen sind jetzt besser. Jeden Tag werden neue Untersuchungen und Abklärungen gemacht. Es dauert zwei Monate und benötigt viele Recherchen auch vonseiten Kerstins, bis die Ärzte zu dem Schluss kommen, Malin müsse, als Reaktion auf die Masernimpfung, eine Gehirnentzündung haben. Eine Therapie gibt es dafür nicht, die Schulmedizin ist am Ende. Wir können es nicht fassen, müssen Malin, angeblich austherapiert, mit nach Hause nehmen.

Aus einem blühenden Kind ist ein empfindliches Pflänzchen geworden. Malin liegt nur noch da, isst und trinkt fast nichts mehr, und jede Berührung scheint für sie eine Qual zu sein. Die Schmerzmittel schlagen kaum an. Immerhin erreicht Kerstin mit viel Hartnäckigkeit, dass der Fall offiziell als Impfschaden anerkannt wird. Die Entschädigung vom Kanton Zürich wird einen finanziellen Spielraum schaffen. Als wir das Spital verlassen, sagt uns eine Ärztin, dass die Behandlung von Impffolgen in der klassischen Homöopathie ein wichtiges Thema sei, und so holt Kerstin die kompetente Indrani Meier an Bord. Sie ist Homöopathin und übernimmt von nun an die Verantwortung für das Kind, dem die Schulmediziner nicht mehr helfen können. Sie sagt, sie habe schon geahnt, woran Malin leide, als sie sie durchs Telefon schreien gehört habe. Auf diese Art schrien nur Kinder mit Entzündungen im Gehirn. Sie ist es nun, die das durch die Impfung gestörte Gleichgewicht wiederherzustellen versucht und die uns die Hoffnung gibt, dass alles wieder gut werden könnte. Daran halten wir uns fest.

Auf einem langen, unbeschreiblich beschwerlichen Weg kämpft sich Malin in ihr Kinderleben zurück. Sie ist traumatisiert vom Erlebten, ihr Urvertrauen in die Welt ist zerbrochen. Seelisch schwer verletzt, hat sie panische Angst vor Menschen. Längst musste Kerstin ihren Plan, wieder als Primarlehrerin zu arbeiten, fallen lassen. Malins Betreuung füllt die Tage und die Nächte. Ich unterstütze die junge Familie, wo ich kann, übernehme in ihrer Wohnung in Zürich immer wieder Nächte mit Malin, die sich oft nur beruhigt, wenn wir sie im Schüttstein in kaltes Wasser setzen. Es ist, als könne nur die Kühle des Wassers ihren inneren Brand löschen. Aber zunehmend stark und mutig, erobert sich dieses zarte kleine Menschlein im Zeitlupentempo einen Teil seiner verlorenen rosa Kinderwelt zurück. Irgendwann bekommt Malin einen schweren Ausschlag am ganzen Körper. Wir geraten in Panik, doch die Homöopathin wertet das als Zeichen, dass die Behandlung anschlägt. Sie ist nun fest überzeugt, dass von der Gehirnentzündung keine schweren Schäden zurückbleiben werden.

Im April 2003, nach neun Monaten voller Sorgen und Nachtwachen, aber auch der Hoffnung, wagen Heiri und ich es, mit den beiden Kindern ins Tirol zu fahren, damit Mama und Papa sich erholen können. Malin schreit von Zürich bis ins Pitztal. Nur in den Tunnels des Arlberggebiets hört sie damit auf. Das bleibt uns unvergessen. Im Kinderhotel fühlt sie sich schnell zu Hause, aber verlassen dürfen wir das Hotelareal nicht. Sobald wir mit ihr ins Dorf wollen, fängt sie verzweifelt an zu schreien. So bleiben wir eine Woche lang nur dort, wo sie sich geborgen fühlt. Im großen, hellen Spielzimmer und auf dem lustigen Spielplatz mit den jungen fröhlichen Kinderfrauen findet sie Ruhe und Sicherheit, traut sie sich mehr und mehr zu. Ihre kleinen Fortschritte sind unser ganzes Glück. Was für ein Meilenstein, als sie erstmals ein Pomme frite ins Ketchup tünkelt und genüsslich daran lutscht. Malin ist gerettet. Am letzten Ferientag zieht sich unsere Zweijährige erstmals an einem kleinen Tisch wieder in die Höhe und steht strahlend vor uns. Ich schaue ihr zu mit Tränen in den Augen. So sieht es aus, das Glück im Unglück.

Till macht brav, unkompliziert und fröhlich alles mit, was seinen Alltag so sehr verändert und prägt. Immer passt er sich an und entdeckt seine eigenen kleinen bunten Welten. Ganz stolz gewinnt er das Bobbycar-Rennen und den Malwettbewerb. Er ist so friedlich und bescheiden, dass es mir manchmal das Herz zuschnürt. Ich wünsche ihm so sehr ein großes Leben voller Zuversicht und Glück. Alles ist gut im Pitztal. Zum Abschied besuchen wir noch das hübsche Dorfkirchlein mit dem Schindeldach, und während die kleine Glocke den Mittag einläutet, lassen wir Till zwei Kerzen anzünden. In grenzenloser Dankbarkeit für dieses geschenkte zweite Leben rennen wir mit Malin fest im Arm und Till an der Hand ausgelassen durch den letzten Schnee, dem Frühling entgegen. Auf der Heimreise sagt Till: »Meme, ich wett nächschts Jahr wider uf Ööschtriich und hundert Jahr im Chinderhotel bliibe.«*

* Die schweizerdeutschen Sätze finden Sie im Glossar, ab Seite 187, ins Deutsche übersetzt.

Nur so wird es gehen

24. Dezember 2006. Es ist Weihnachten. Wie immer ist Kerstin schon früh gekommen mit ihren Liebsten. Alle sind sie wieder da, im gelben Haus bei Meme und Pepe im glarnerischen Netstal. Ich bin an diesem Tag einfach außergewöhnlich glücklich und mir so sicher, dass alles jetzt gut ist, wirklich alles. Malin hat ihre schwere Krankheit beinahe vollständig überstanden. Sie isst wieder, lacht und läuft, nimmt, so lange in sich eingeschlossen, wieder Kontakt zu den Mitmenschen auf. Ein wahres Wunder. Psychisch ist sie noch etwas instabil, aber ihre motorischen Schwierigkeiten sind so gering, dass sie uns keine Angst mehr machen. Wir spüren, wie die Schwerelosigkeit in unseren Alltag zurückkehrt. Wir können wieder vorwärtsschauen. Das Leben hat wieder Farbe bekommen und neuen Glanz, das zurückgekehrte Licht flutet unsere Herzen. Ich schicke meinen Freundinnen eine SMS, dass dieses das schönste Weihnachtsfest meines Lebens sei. Und so fühle ich mich auch. Das ganze Haus riecht nach Weihnachten. Der stolze Tannenbaum, den Heiri ausgesucht hat, hängt voller Engel und der Himmel voller Geigen.

Wie jedes Jahr besuche ich gegen Abend noch das Grab meiner Mutter, die inzwischen verstorben ist, das meines Vaters und meiner welschen Grandmaman. Der siebenjährige Till begleitet mich auf seinem Plastiktraktor, und ich staune, wie rasant er ihn den steilen, verschneiten Weg zum Friedhof hochfährt. Während ich die Kerzen anzünde, schaut er sich in der Nähe die Kindergräber an und rechnet aus, wie alt sie wurden. »Heute sterben fast keine Kinder mehr in diesem Land«, sage ich ihm mit sicherer Stimme und nehme ihn an seiner kleinen, warmen Hand. Und nichts ist in diesem Moment weiter weg für mich als ein Kindertod. Danach feiern wir wie immer im Kreis unserer großen Sippe ein liebevolles, fröhliches Weihnachtsfest, getragen von einer Dankbarkeit wie keiner zuvor. Und weich fällt der Schnee.

Am nächsten Tag fahren wir zu Kerstins und Simons eigenem und ganz besonderem Weihnachtsfest. Es findet zum ersten Mal in ihrem neuen Haus in Dielsdorf statt. Brennende Kerzen im Schnee säumen den Weg zu dem schönen blauen Gebäude mit den einladend lichten Räumen und der riesigen Fensterfront hin zu den Rebbergen. Weihnachtsfreude auch an diesem 25. Aber Till hat am Morgen erbrochen, wie schon ein paarmal in letzter Zeit. Kerstin, die nach Malins Krankheit schnell beunruhigt ist, sucht im Internet. Erbrechen auf nüchternen Magen könne die Folge eines Hirntumors sein, liest sie dort. »Mami, er könnte einen Hirntumor haben«, sagt sie ernst, als wir ankommen. Ich höre diesen Satz zwar, aber ich will ihn weder verstehen noch fassen. Und ich versuche mit aller Kraft, aufrecht zu bleiben auf diesem doch noch so brüchigen Boden, der bereits wieder zu beben beginnt. Alles in mir schreit: Nein, unmöglich, nicht schon wieder, und nicht schon wieder wir. Wir feiern dieses Fest mit den Kindern und den Freunden, aber von nun an liegt über allem wie ein schwarzer Schleier aus Pech dieser entsetzliche Verdacht. Er klebt an jeder Faser meines Seins und lässt mich keine Sekunde mehr zur Ruhe kommen. Das ist er, der Vorbote des Einschnitts, der uns trennen wird von unserer bisherigen Welt. Der Tag, an dem Wichtiges zerrinnt zur Nichtigkeit und eben erst zaghaft zurückgekehrtes Urvertrauen in tausend Scherben zerbricht. Kerstin und Simon gehen am nächsten Tag mit dem fröhlichen Till zum Kinderarzt. Sie wollen und können nicht länger warten. Da ist diese kleine, innigste Hoffnung, dass sich eine andere Ursache fände. Es könnte doch einfach ein harmloser Virus sein. Ich fahre derweil mit Heiri auf die Sonnenterrasse Braunwald. Ein wunderschöner Wintertag mit Himmelblau über und Kristallglitzerschnee unter uns. Heile Welt um uns, und in uns nichts als Angst.

Schweigend laufen wir Hand in Hand den Höhenweg hinauf, und es fühlt sich an, als wären wir erstarrt. Als das Telefon klingelt und ich es aus der Tasche ziehe, zittert meine Hand. Ich höre Kerstins Stimme, die mir sagt, dass sie vom Kinderarzt schon unterwegs ins Kinderspital seien, um abzuklären, ob Till einen Tumor habe. Noch immer höre ich, ohne zu verstehen. Das ist zu viel, zu brutal, zu unerträglich, um verstanden zu werden. Sofort muss ich zu ihnen, sage ich Heiri und renne bereits talwärts, verliere meine Handschuhe, meinen schönen schwarzen Schal aus dem Bregenzerwald, wo wir gerade noch mit meinem Bruder und seiner Frau ein so gutes Wochenende verbracht haben. Alles zittert und bebt, während ich durch den Tränenschleier hindurch zur Bergstation finde.

Ich nehme den Zug nach Dielsdorf, übernehme Malinchen im blauen Haus, wo bald auch Heiri ankommt. Wie Zombies warten wir und wollen verzweifelt daran glauben, dass es eine andere, bessere Diagnose geben könnte. Nach Stunden schreibt Kerstin: »Gerade kam ein Arzt und fragte, weshalb wir überhaupt da seien. Wir nehmen das als gutes Zeichen und hoffen, bald zu Hause zu sein, um den Pizzakurier zu bestellen.« Für die Dauer eines zerplatzenden Traumes wagen wir aufzuatmen. Irgendwann dann fliegt dieses erbarmungslose »Till hat einen Hirntumor. Er muss als Notfall im Kinderspital bleiben« auf unser Handydisplay. In dieser Sekunde bricht alles unter uns weg. Atemlos und ohne Haltegriff fallen wir ins Bodenlose. Ab sofort wird es ein Vorher, ein Nachher und kein Dazwischen mehr geben. Ich will und kann nicht nach Hause zurück, denn dort steht noch immer dieser Weihnachtsbaum. Da ist nichts mehr, was mir Halt geben könnte. Ich falle nur noch. Irgendwann steige ich dann doch ein ins Auto, weinend. Und weine auch noch, als ich zu Hause die vielen scheinheiligen Engel vom Baum nehme. Da ist diese Wut, dass sie uns betrogen und nicht beschützt haben. Und in dem Moment kann ich gar nicht anders, als sie allesamt in den Mülleimer zu schmeißen.

Die Magnetresonanztomografie, MRT, bei der Tills Kopf durchleuchtet wird, dauert viel länger als geplant. Endlich aber ist die Untersuchung zu Ende. Eine Ewigkeit musste Till in dieser lauten Maschine liegen. Ohne Narkose und unendlich tapfer hat er diesen Marathon hinter sich gebracht. Die Bilder sind erschütternd. Er hat einen großen Tumor im Kleinhirn mit Metastasen im Hirnstamm und auf der ganzen Wirbelsäule. Die Diagnose lautet Medulloblastom in fortgeschrittenem Stadium. Medulloblastom, ein bösartiges Wort, das Panik auslöst. Die Rückfallquote ist hoch, auch wenn der Tumor entfernt und die Metastasen bekämpft werden können. Wir sind verzweifelt, und für diese Not gibt es keine Worte. Der Tumor muss so schnell wie möglich entfernt werden. Tills Zustand verschlechtert sich rasch. Simon macht Druck, sodass der Operationstermin im Unispital auf den 1. Januar 2007 gelegt wird.

Ich übernehme eine Nacht im Kinderspital an Tills Seite, auf dem Klappbett. Nebenan liegt ein Junge, der sich mitten in einer Chemotherapie befindet, dieser Standardbehandlung gegen Krebs, die meistens in Form von Infusionen verabreicht wird. Niemand aus der Familie ist bei ihm, und er klingelt immer wieder. Wenn dann nicht die Pflegerin kommt, die er mag, schimpft er wie ein Rohrspatz. Unser Kleiner, der doch so sanft ist, erschrickt. Und wenn der Junge nebenan einmal schläft, geht sicher der Alarm an einem der Apparate los, an welche dieser zur Überwachung der Organfunktionen angeschlossen ist. Und schon öffnet sich die Tür wieder. Ich bekomme eine schreckliche Ahnung, was uns erwartet, und bin nur noch Angst. Kein Auge kann ich zutun. Ab und zu kommt Tills kleine Hand, und er fragt: »Meme, bisch no daa?« Ich möchte ihn packen und flüchten, einfach raus aus diesem Grauen, an einen sicheren Ort, um diesen Irrsinn dort im Meer zu begraben. Aber jeder Fluchtinstinkt verliert hier seine Existenzberechtigung. Dass ich mich nicht schützend vor Till stellen oder seine Krankheit übernehmen kann, ist mir unerträglich. Wenn schon, wäre doch ich an der Reihe, die Großmutter. Was ist das für ein Wahnsinn, wenn ich vielleicht meinen Enkel überleben muss? Nie zuvor war ich so verzweifelt wie in dieser Nacht.

Wir werden uns an den Pavillon Süd B des Zürcher Kinderspitals gewöhnen müssen und an die Glastür, durch die wir diese Station betreten, vor der die Menschen sich fürchten wie vor dem Teufel. Werden eintreten müssen in die Welt der Mondkinder mit den kahlen Köpfen, mit vom Cortison aufgedunsenen Gesichtern, mit Chemoständern im Schlepptau. Willkommen in der Onkologie, willkommen auf Planet Onko. »Dort, wo die vom lieben Gott vergessenen Kinder sind«, schreibt mir mein Bruder in tiefer Betroffenheit nach seinem ersten Besuch. Die Platzverhältnisse auf Onko sind prekär. Es ist alles so eng und klein hier. Wo doch sonst schon alles eng wird in einem und man um Luft ringt, müsste doch wenigstens äußerlich genug Platz sein, um auszuhalten, was das Leben einem da abverlangt. Was haben wir Erwachsenen doch für Auswahlmöglichkeiten, wenn wir einmal ins Spital müssen. Die Kinder können nicht wählen. So viel Enge mutet man den kleinen Patienten, ihren Angehörigen und den Pflegenden zu.

Immer wieder wird mich die Wut packen. Auf die engen Zimmer dieser Abteilung, in die doch die Kinder wochen-, monate-, manchmal jahrelang immer wieder zurückkehren müssen. Und die sie oft über längere Zeit hinweg nicht verlassen dürfen, wegen der Gefahr einer Infektion. Oft teilen sich zwei krebskranke Kinder ein Zimmer, dabei ist es schon schwer genug, auch nur eines dieser Schicksale zu ertragen. Es bräuchte genug Platz auch für beide Eltern, Platz, wie er in Geburtsabteilungen längst angeboten wird. Hier in der Onkologie gibt es weder ein richtiges Spielzimmer für die Kinder noch einen gemütlichen Aufenthaltsraum für alle Menschen, die dort ein und aus gehen und das Krankenzimmer ab und zu verlassen möchten. Einen Ort auch, wo man die Möglichkeit bekäme, andere Betroffene – auch Großeltern – kennen zu lernen. Als Besuchszimmer dient ein kleiner, von einem großen Tisch beherrschter Raum, den sich Patienten und Angehörige mit den Pflegenden teilen müssen, und wenn das Spitalpersonal dort Sitzung hat oder eine Mahlzeit zu sich nimmt, steht auch das nicht zur Verfügung. Die Betroffenen haben nicht die Kraft, sich zu wehren, weil sie mit Überleben ausgelastet sind. Und eine tatkräftige Lobby, die dafür sorgt, dass mit dem Bau des neuen Kinderspitals endlich begonnen wird, scheinen die kranken Kinder Zürichs nicht zu haben. Simon und Kerstin werden bald schon einen Sponsor finden, der wenigstens das kleine Elternsprechzimmer mit schönen Möbeln ausstattet, um diesem Raum, in dem Hoffnungen geschenkt und gestohlen werden, ein menschlicheres Gesicht zu geben.

Während ich an Tills Bett meine erste Nacht durchwache, knallt es draußen die ganze Zeit. Die Menschen feiern das neue Jahr, johlen und grölen, zünden Kracher und Feuerwerk. Ich möchte zum Fenster hinausschreien, dass sie aufhören sollen damit, weil ich es nicht aushalte. Denn ich gehöre nicht mehr dazu. Auf Onko gibt es kein Silvester. Was könnte man einander denn schon wünschen für dieses neue beschissene Jahr? Ich möchte einfach, dass es still wird dort draußen. Und ich möchte um jeden Preis zurück in unsere alte Sicherheit. Voller Hader, Wut und Hass auf dieses Schicksal falle ich immer tiefer. Nichts und niemand kann mich halten. Irgendwann kommt der Morgen, und eine liebe Frau bringt mir eine Tasse Tee ans Bett. Eine Nacht wie diese relativiert alles und setzt neue Maßstäbe. Ich verlasse das Zimmer auf der Kinder-Onkologie, mir selbst fremd geworden. Der Krebs hat dröhnend die Gefängnistür hinter uns zugeworfen. Kerstin schreibt mir abends in einer E-Mail: »Wir geben alles, mehr können wir nicht. Und wir müssen es schaffen, der Hoffnung und dem Leben mehr Raum zu geben als der Angst. Nur so wird es gehen.«

La vita è bella

Kerstin und Simon, so gefasst und stark, erzählen Till auf beeindruckende, kindgerechte Weise von seiner Krankheit. Ganz ruhig reden sie vom Tumor, von den Metastasen, die sie Stücklein nennen, und vom Kampf, den Till zusammen mit uns aufnehmen müsse. Kerstin macht Zeichnungen für ihn, damit er sich ein Bild davon machen kann, was in seinem Körper passiert. Offen und klar ist ihre Sprache, und der Kleine weiß nun, dass er Krebs hat. Sein wunderbarer Arzt, Professor Michael Grotzer, hat ein Buch mit dem Titel »Eugen und der freche Wicht« geschrieben, eine Bildergeschichte über einen Jungen mit einem Hirntumor, und dieses liegt nun neben Till. Er soll Bescheid wissen, aber Mama und Papa werden bis zum Schluss dafür sorgen, dass die Angst nicht sein kleines Leben beherrscht. Wir werden sie immer wieder aussperren, mit unserer ganzen Kraft.

Dann schieben Kerstin und Simon Tills Bett bis an die Tür des Operationssaals im Unispital. Mit überirdischer Kraft schaffen sie es, loszulassen und ihn abzugeben, wissend, dass sie ihn vielleicht nie mehr lebend wiedersehen werden. Sie tun so, als sei das Bett ein Boot, das durch die langen, kurvenreichen Gänge flitzt, mit einem lachenden Till als Kapitän. »Alles geben wir, damit sogar diese entsetzliche Stunde fröhlich bleibt, um es überhaupt zu ertragen, dass diese Tür sich hinter unserem Kind schließt. Dann versagen unsere Beine. Wir sitzen verzweifelt da, und nichts mehr ist, wie es war«, schreibt uns Kerstin in dieser traumatischen Nacht. Das Risiko der elfstündigen OP ist immens. Wir warten erschüttert im Kreis lieber, vertrauter Menschen auf den Anruf des Arztes. Malin spielt mit ihren fröhlichen Cousinen. Dass Till jetzt sterben könnte, wissen wir alle, aber begreifen kann es niemand. Es ist zu absurd. Er war doch gerade noch so gesund, so guter Dinge. Und waren wir nicht eben erst mit ihm glücklich und unbeschwert im Kinderhotel in Österreich? Ich klammere mich an die Vergangenheit, um diese Gegenwart zu ertragen. Um sieben Uhr in der Frühe endlich der Anruf: Der Tumor im Kleinhirn konnte entfernt werden, Till ist bereits wieder auf der Intensivpflegestation. Der Neurologe sagt, dass es Kinder gebe, die das überleben. Und niemand mag fragen, was er damit meint.

Wir fahren zu Till. Unterwegs fühle ich mich allein und verlassen. Ich schaue aus dem Autofenster, und stärker als alles andere ist dieser dumpfe Schmerz und die Ahnung, dass uns die Welt gerade vor die Tür gesetzt hat. So fühlt er sich an, der Schnitt, und ich ertrage es nicht, die Menschen zu sehen, für die dieser Tag ein ganz normaler sein wird, weil ich diese verdammte Ungerechtigkeit nicht aushalte. Ich schließe meine Augen, um nichts mehr sehen zu müssen. Voller Angst bin ich, dass wir das nicht schaffen. Und ich frage mich bang, wer wohl diesen düsteren Weg mit uns gehen wird.

Heiri und ich übernehmen eine Nachtwache bei Till. Vor uns liegt ein nacktes Häufchen Elend mit kahlem, verbundenem Kopf und voller Schläuche. Er kann weder die

Augen öffnen noch sprechen. Liegt einfach da. Ich weine. Ihn so zu sehen, schmerzt jede Faser meines Herzens. Und seine Hilflosigkeit rührt mich so sehr, dass es mir die Kehle zuschnürt. Till bewegt sich, und ich vermute, dass er Pipi machen muss, spreche die Pflegerin darauf an. Sie meint, er trage ja eine Windel, ich solle ihm das sagen. Aber Till beruhigt sich nicht. Noch einmal suche ich die Schwester und sage ihr, dass er wahrscheinlich nicht in die Windel machen wolle. Sie gibt mir eine Flasche, und sofort erledigt Till, was zu erledigen ist. Wir verstehen, dass er da ist und mitdenkt, gefangen in sich selbst um seine kleine große Würde kämpft. Bis zum letzten Tag wird er keine Windel wollen, und dieses Nein berührt mich unendlich. Er setzt eine Grenze. Er, der diesem brutalen Krebs ausgeliefert ist und sich sonst in so vieles einfach dreinschickt.

Kerstin und Simon organisieren eine ungewisse Zukunft. Sie müssen das unerträgliche Schicksal annehmen und aktiv gestalten. Auch wenn sie nichts wissen über Dauer und Beschaffenheit dieses steinigen Wegs. Alle müssen wir uns auf die Suche nach Werkzeugen machen, um auf Planet Onko überleben zu können. Gebrauchsanweisungen werden keine verteilt. Nur eines ist sicher, wir werden ganz viel Hilfe und Unterstützung brauchen für das, was vor uns liegt. Wir sind abhängig wie nie zuvor. Es ist Mitternacht, als Kerstin eine SMS an ihr gesamtes Adressverzeichnis schickt: »Till hat einen Hirntumor. Wir schaffen das nicht allein. Wir brauchen eure Hilfe.«

Sie sucht und findet ein Bild für diese Zeitreise. Wir steigen symbolisch in ein Boot. Das Leben hat uns rausgeworfen aus unserer vertrauten, guten, sicheren Welt. Jetzt wird alles neu und anders. Wir richten uns ein auf diesem Boot, wohlwissend, dass uns Stürme, Orkane und Tsunamis erwarten. Um nicht zu kentern, werden wir eine starke Besatzung brauchen. Das Ziel können wir nicht beeinflussen. Aber Tills Eltern können als Kapitäne darüber entscheiden, welche Farben und Inhalte dieses Sturmleben haben soll. Da gibt es den Film »La vita è bella«, »Das Leben ist schön«, in dem ein Papa im KZ seinem kleinen Sohn eine Welt einrichtet, in der er nicht merkt, wie grauenhaft es rundum eigentlich ist. Das ist es, was wir gemeinsam für Till und Malin schaffen wollen, eine Art Second World, eine Parallelwelt, um ihre zarten Kinderseelen zu beschützen. Gemeinsam packen wir das Projekt »Reise der Hoffnung« an, auf der das Leben der beiden Kleinen so unbeschwert, so fröhlich und so bunt wie möglich bleiben muss. Wir werden unsere Zwerge in Watte packen, damit sie an diesem Irrsinn Kinderkrebs nicht zerbrechen. »Was wir alleine nicht schaffen, das schaffen wir dann zusammen« – der Refrain des gleichnamigen Lieds von Xavier Naidoo wird uns ein wichtiger Begleiter. Klar ist, dass dieses Ereignis ganz vieles verändert, in uns und um uns herum.

Wir spüren bald, dass wir nicht allein sind. Die ersten Menschen steigen in unser Boot, bereit zum Einsatz. Wir nennen sie »unsere Boatpeople«, auch weil sie, wie die Bootsflüchtlinge aus Vietnam oder Afrika, auf einem klapprigen Kahn zu einer langen Reise aufbrechen, deren Ziel sie nicht kennen. Und weil sie die Hoffnung eint, dass alles gut werden möge. Viele nehmen auf dieser Reise sogar ihre Kinder mit, Tills und Malins Freunde, wofür wir unvorstellbar dankbar sind. Miteinzusteigen braucht so viel Mut von allen. Aber an Kerstins sicherer Hand trauen wir uns ganz viel zu. Viel mehr, als wir je dachten. Das ist der Anfang unserer Geschichte, die entsetzlich traurig und gleichzeitig wunderschön ist. Die Geschichte eines unendlich bescheidenen, tapferen, weisen, lebensfrohen Kindes, das die Herzen berührt und die Menschen bewegt. Und eine, die erzählt von Frauen und Männern, die ihre Ängste vor Krebs und dem Tod über Bord werfen, damit andere in diesem Orkan nicht zerschellen. Sie sind wirkliche Helden und hätten allesamt das Potenzial, Schweizer des Jahres zu werden.

Vier Jahre lang bleibt unsere Crew, die immer zahlreicher wird, uns treu und ergeben. Vier Jahre lang darf Kerstin jederzeit sagen, welche Hilfe und Unterstützung sie wo braucht. Und schon melden sie sich, sind sie da. Sie zaubern für uns, holen und bringen, tragen und stützen, backen und waschen. Als sei es das Selbstverständlichste der Welt und mit viel Herz. So kann ein Märchen auch aussehen. Diese Menschen sind die wichtigsten und wertvollsten Energiequellen auf Tills Weg. Für sie ist genug nie genug, und sie setzen an jedem Tag der Dunkelheit das Licht, der Verzweiflung die Liebe entgegen. Unsere Dankbarkeit dafür gibt Boden und Kraft. Jeden Tag. Auch ich finde in diesem Dunkel meinen ganz persönlichen Schutzengel. Eine liebste ehemalige Nachbarin nimmt wieder Kontakt zu mir auf. Tag und Nacht kann ich sie per SMS erreichen, alles darf ich ihr sagen. Und immer bekomme ich eine Antwort. Immer findet sie die richtigen Worte, an denen ich mich verzweifelt festhalte. Buchstaben werden zu Rettungsringen. Ohne sie wäre ich verloren.

»Ein Haus ist auch eine Arche, um der Flut zu entrinnen«, lese ich auf einem Kalenderblatt. Was für ein schönes Bild. Wenn ein Kind Krebs bekommt und der Ausnahmezustand alltäglich wird, braucht man sichere Orte, wo man sich geborgen fühlt und wieder auftanken kann. Wir machen unsere Häuser in Netstal und in Dielsdorf zu solchen Orten, nennen sie jetzt das Gelbe Haus und das Blaue Haus. Schnell werden die Menschen diese Namen übernehmen. Wie gut es uns tut, sie immer wieder zu hören und zu lesen. Sie werden lebendig, bleiben in den Köpfen und Herzen, solange wir darin leben, vielleicht sogar darüber hinaus.

Kerstin wird schnell klar, dass sie all die Menschen, die Teil dieser Geschichte werden, nicht einzeln auf dem Laufenden halten kann. Weder ist es möglich, dauernd zu telefonieren, noch, Besuche zu empfangen. Das ist viel zu aufwendig und anstrengend. Die Kräfte müssen jetzt gebündelt werden für diesen Alltag der Extreme. Mama und Papa wollen auch nicht dauernd in Gegenwart der Kinder über diese Bedrohung reden. Wenn Freunde zu Besuch kommen, sind diese erst einmal schockiert und müssten in ihrer Trauer eigentlich getröstet werden. Aber dazu fehlt die Kraft.

Da hat Olivier, ein lieber Freund, die tolle Idee, dass wir Mails schreiben könnten, Till.Mails für alle, die uns nahe bleiben möchten. Und so beginnt Kerstin, in ihrer offenen, klaren, berührenden Sprache das Leben auf Onko zu beschreiben, und öffnet den Menschen damit den Weg auf unser Boot. So viele und immer mehr sind es, die mitlesen und mitreisen. Bald werden diese Briefe zu einem festen Bestandteil unseres Lebens. Kerstin kann so auch um konkrete Hilfeleistungen bitten, und alle sind froh, wenn sie ihnen sagt, was sie brauchen könnte, was hilfreich wäre und was nicht. So können die Menschen Fuß fassen auf Onko und mitlernen, wie ein Kinderkrebsalltag funktioniert. Sie werden auf dem Laufenden gehalten, und wenn sie uns besuchen oder anrufen, sind sie bereits informiert und stellen keine unnötigen Fragen. So lernen sie auch verstehen, dass es nicht möglich ist, sie in Tills Krankenzimmer zu lassen, wenn seine oder die Kraft der Eltern nicht ausreicht. Dann geben sie vielleicht etwas Liebes am Empfang ab, oder Kerstin läuft schnell hinunter, um ein paar Worte mit ihnen zu wechseln. Es ist wichtig, dass wir ihnen erklären, was passiert und was für Folgen das hat. Nur dann kann Beziehungsnähe lebendig bleiben. So erlauben wir dem Krebs nicht mehr, allgegenwärtig zu sein in den Begegnungen mit denen, die mit uns sind. Das ist nicht mehr und nicht weniger als eine Überlebensstrategie. Die Till.Mails werden zu unserem Rettungsseil.

Das Essen im Kinderspital ist sehr eintönig. Kerstin, die so gern und gut kocht, findet, dass man gerade in Zeiten der Not richtig gut essen muss. So fragt sie per Till.Mail eines Tages, ob jemand mal was Feines kochen und hinaufbringen würde ins Kinderspital. So viele liebe Frauen möchten das gern tun. Da gibt es diejenigen, die Gutscheine schenken, mit denen wir, die wir uns im Spital an Tills Bett abwechseln, feine Mahlzeiten aus dem Restaurant bringen lassen können. Andere kommen mit Selbstgekochtem zu uns, und der Moment, wenn eine von ihnen um sechs Uhr abends einen vollen Korb abgibt, ist für uns jedes Mal ein kleines Wunder. Manchmal gibts ein Tischtuch, eine Flasche Wein, einen Kuchen, einen lieben Brief dazu. Und immer schmeckt es ausgezeichnet. Wir spüren, mit wie viel Liebe und Fürsorge für uns gekocht wird, und setzen uns voller Dankbarkeit an dieses Tischleindeckdich in dem trostlosen engen Aufenthaltsraum, der dann plötzlich ein bisschen heller wird. Jeden Tag dieses kleine Glück, dieses Bewusstsein, dass wir nicht allein sind. Auch Verbindlichkeit gibt Halt. Und auf Onko sind immer Menschen, die nicht Nein sagen, wenn wir verteilen, was übrig bleibt. Alle hätten ein wunderbares Essen verdient auf dieser Abteilung. Alle.

Ich lerne von meiner Tochter, dass man sagen darf, wenn man etwas braucht. Sie beeindruckt mich maßlos in ihrer Ruhe und Gefasstheit. So klug und bewusst fällt sie Entscheidungen. Immer wieder setzt sie neue Maßstäbe. Ich bin so stolz auf sie und froh, dass sie uns führt. Der Abgrund ist ganz nah, und so schnell könnten wir abstürzen, und alles würde nur noch schlimmer. Auch ich schreibe ab und zu eine Till.Mail. Die Möglichkeit, mit all denen, die uns begleiten, in Verbindung zu sein, ist tröstlich, hoffnungsvoll und schön. Kerstin schreibt uns dazu: »Jedes Zeichen der Menschen trägt uns durch diese Dunkelheit und Folter. Und es braucht dazu so wenig. Ein Satz wie ›Wir sind und bleiben da‹ reicht aus, um sich daran festzuhalten.«

Hunderttausend Tränen und mehr

Ich höre auf zu kochen. Das interessiert mich nicht mehr. Weil ich alle Kraft brauche, um diese Diagnose auszuhalten. Wäre da nicht mein Liebster, der übernimmt, würde ich mich wohl lange Zeit nur mit Kaltem aus dem Kühlschrank verpflegen. Mich wieder aufzurappeln, fällt mir unglaublich schwer. Hinausgefallen aus meiner heilen Welt, suche ich verzweifelt nach einem Halt. Zu Hause fühle ich mich unerträglich einsam, ich sehne mich danach, hier und sofort von einer Großfamilie umsorgt zu werden, in der immer jemand Zeit hat, mich in die Arme zu nehmen und zu trösten. Als Ersatz kaufe ich mir warme, weiche Kuscheldecken, in die ich mich einwickle, wenn die eiskalte Angst mich wieder umklammert.

Wie froh bin ich um meinen Arbeitsplatz bei den Sozialen Einrichtungen und Betrieben der Stadt Zürich. Hier bleibt mir Normalität erhalten. Seit vielen Jahren erledige ich die Administration eines Projekts, in dem Menschen, die Sozialhilfe oder eine Invalidenrente beziehen, eine feste Tagesstruktur finden. Ganz wichtig wird für mich nun, dass ich es auch an den schlimmsten Tagen schaffe, meine Aufgaben korrekt zu erledigen. Wenn der Abgrund so nahe ist, dass man seine Bedrohlichkeit mit geschlossenen Augen noch spürt, braucht man Sicherheiten, um noch an sich zu glauben.

Dort, wo ich arbeite, gehen Menschen ein und aus, die trotz schwersten Schicksalen morgens aufstehen und den neuen Tag anpacken. Und ich sage mir, wenn sie das schaffen, werde ich das auch tun. So geben sie mir Mut und Kraft, ohne es zu ahnen. Ich habe eine wunderbare Vorgesetzte, die mir auch viel Boden gibt in dieser turbulenten Zeit und immer Tills Wohl in den Vordergrund stellt. Zu wissen, dass ich jederzeit frei bekäme, wenn es die Situation erfordert, macht mich ruhig. Aber ich werde keinen Tag fehlen in diesen vier Jahren. Teil eines guten, liebevollen Teams zu sein, ist, wie eine Zapfsäule zu haben, an der man jeden Tag frische Kraft tanken kann. Es gibt Großmütter, die ihren Job aufgeben müssen, um die Tochter, den Sohn zu unterstützen. Davor hätte ich große Angst. Weil dann mein ganzer Tag nur noch um den Krebs kreisen würde.

Die Nächte sind schwer und die Träume auch. Ich fange an, jeden Morgen eine halbe Stunde die Linth aufwärts nach Glarus zu laufen. Das Bewegen bei jedem Wetter gibt mir Kraft für den neuen Tag, und die Nähe des Wassers tut mir gut. Am Bahnhof trinke ich dann in aller Ruhe einen Kaffee, treffe manchmal eine Freundin, und dann bin ich einfach froh, dass der Zug mich nach Zürich mitnimmt. Steige ich die vielen Treppen hoch in mein Arbeitszimmer, habe ich mich wieder gefangen. Nach fünf Stunden Einsatz und wenn meine Tagesabrechnungen alle stimmen, kann ich das Tram nehmen zum Kinderspital. Dort übernehme ich und tue, was gerade sinnvoll und nötig ist.

Heiri und ich müssen reden über dieses ungeplant herausfordernde Leben. Beide sind wir zwar sturmerprobt, aber das hier ist eine neue Dimension von Unwetter. Wir werden diese dunkelgraue Reise zusammen und doch auch jeder für sich gehen müssen. Weil wir Mann und Frau und auch sonst in vielem sehr verschieden sind. Aber wir haben ein gemeinsames Fundament, gemeinsame Haltungen, Werte und Lebensziele. Und uns verbindet sowohl unsere gegenseitige Liebe wie auch die große Liebe zu Till. Wir können uns aufeinander verlassen und sind füreinander da. Und doch lassen wir einander auch viel Freiheit und Raum. All das befindet sich unter unserem Liebesbeziehungsdach. Nur einmal müssen wir reden und dann nie mehr. Wir versprechen uns, respektvoll miteinander umzugehen. Sehr oft werden wir zusammen trauern, aber noch viel öfter weine ich allein. Und ich lerne, das Alleinsein anzunehmen, als Teil dieses traurigen Lebensabschnitts. Immer wieder weine ich beim Autofahren hinter meiner Sonnenbrille, mit meinem Liebsten neben mir. Hunderttausend Tränen werden es sein oder mehr. Irgendwann kommt dann seine Hand und legt sich um die meine. »Lass uns Kaffee trinken gehen an einen schönen Ort«, sagt er, und so finde ich wieder zu mir. Wir schaffen uns ein Ritual, das für beide stimmt und sich hundertmal wiederholt. Sich gegenseitig anzunehmen in der jeweils eigenen Art, zu trauern, ist eine wichtige Voraussetzung dafür, dass eine Beziehung an diesem Albtraum nicht zerbricht.

Ein Arbeitskollege fragt mich, ob ich mit ihm über Till sprechen möchte oder lieber nicht. Das ist eine großartige Frage, die so hilfreich ist für beide Seiten. Ich habe sie nie vergessen und möchte sie in die Welt hinausschicken. Weil sie Klarheit schafft und einem die Chance gibt, Ja zu sagen oder Nein. Am liebsten ist mir ohnehin, wenn die Menschen mich fragen, was sie tun können. Weil ich eigentlich sehr genau weiß, was ich brauche. Ich nenne das mein Betriebssystem; es führt mich und sagt mir, was ich tun und was ich besser lassen sollte. Ich darf es nur nicht überhören – das zu lernen, wird überlebenswichtig.

Organisiert jemand etwas, um mich abzulenken, dann kann das nun schwierig werden. Um niemanden zu verletzen, wage ich es noch lange nicht, Nein zu sagen. Es ist unendlich anstrengend, über die Späße der anderen zu lachen oder sich etwa in einem Kochkurs mit Rezepten zu befassen und freudig mitzuessen. Weil es eigentlich unmöglich ist, fröhlich und aufgeräumt zu sein, während Till gerade sterben könnte. Wie kann es sein, dass die anderen das nicht merken? Ich fühle mich oft schrecklich fremd und verloren unter den Menschen. Und ich kann auch nur mit großer Kraftanstrengung ein Essen mit Freunden durchstehen, die zum Beispiel von ihren Ferien in Thailand erzählen und ausklammern, was mir fast den Verstand raubt. Das überfordert mich in meiner Not. Ich bin am Boden zerstört und will nur noch nach Hause, unter meine Bettdecke. Dort weine ich und fühle mich wieder sicher.

Nicht alle verstehen, wie schwierig meine Gratwanderung zwischen der alten und der neuen Welt ist. Ich muss versuchen, Brücken zu bauen, zurück in mein bekanntes altes Leben. Dass nahestehende Menschen sich abwenden, ist ein zusätzlicher Schmerz und macht Angst. Wie sich so eine Katastrophe anfühlt und was sie mit einem macht, können sie nicht wissen, und wir sollten das auch nicht voraussetzen. Aber sie könnten mitwachsen, an unserer Hand. Man kann so vieles, wenn man will. Die meisten Menschen auf Planet Onko erleben das Verlassenwerden, wir sind da keine Ausnahme. Und das ist irgendwie tröstlich.

Kerstin schreibt uns: »Da sind ganz vertraute Menschen, die mit dem Rückzug schon beginnen, wenn sie das Wort Krebs hören. Sie machen eine emotionale Vollbremsung vor unserer traurigen, schweren Geschichte, um sich Distanz zu verschaffen. Dann geben sie wieder Gas, und schon sind sie weg. Einige wenden sich auch erst später ab, weil es ihnen zu lange andauert. Wieder andere fahren zuerst vorbei und kehren dann doch um. Aber ganz viele haben gleich angehalten und sich mutig entschieden, auf unser Schiff zu steigen. Auf dieses wackelige Schiff, wo jederzeit alles möglich ist. Gemeinsam halten wir uns über Wasser. Und da sind auch diese Menschen, die wir kaum kannten, die einfach hätten vorbeiflitzen können, ohne schlechtes Gewissen. Für mich sind sie alle Engel auf Erden.« Sätze aus einer neuen Dimension des Seins und Abhängigseins.

Die ungeliebte Perle

Wochenlang liegt er nur da, unser Kleiner. Ein neues Bett wird ausprobiert, eine große, auf dem Boden liegende Matratze, umgeben von vier niedrigen blauen Wänden. Darin wird er optimale Bewegungsfreiheit haben, und wir können uns dazulegen, ihm ganz nah sein. Aber noch bewegt er sich kaum von allein. Wir müssen ihn immer wieder in eine andere Position betten, damit aus den Druckstellen keine Wunden werden.

Niemand weiß, wie es weitergehen wird, was wieder gut und was nie mehr gut wird. Onko beherrscht unser Leben und besetzt jeden Herzschlag. Wir werden nie mehr richtig abschalten können. Alles bleibt in Alarmzustand, jeden Tag und jede Nacht. Kerstin schreibt uns am Ende des Tages: »Es gibt nur diesen einen einzigen Weg als Chance, und ich weiß nicht, wo ich die von den Ärzten gehörten Worte zu all dem, was jetzt auf uns zukommt, einordnen soll. Wir müssen sie annehmen, voller Wut auf dieses Leben. Ich kann die Bilder nicht zusammenbringen von dieser fröhlichen Weihnacht, als Till noch tanzte und lachte, und dem armen Häufchen nun neben mir. Schwer krank war er, und wir haben nichts gemerkt.« Ich lese, und es gibt nichts, was mich trösten könnte.

Irgendwann endlich die ersten hoffnungsvollen Zeichen. Schrittchen für Schrittchen täppelt Till zurück aus seiner Zwischenwelt. An seiner Seite ist Professor Doktor Michael Grotzer, ein beeindruckender Mensch. Vier Jahre lang bleibt er Tills steter Begleiter, kompetent und liebevoll. Er ist da für ihn und seine Eltern, bei Bedarf vierundzwanzig Stunden am Tag und sieben Tage in der Woche. Wenn Not ist, kann ihm Kerstin eine SMS schicken, und eine Antwort lässt nie lange auf sich warten; danach weiß sie genau, was tun. Dank seiner Hingabe kann Till sehr oft zu Hause bleiben und muss nicht ins Spital in die Notfallabteilung. So können wir Kräfte schonen und Ruhe bewahren. Die beiden Kinder lieben ihren Doktor Grotzer. Sie vertrauen ihm und werden eines Tages sogar ein Lied für ihn erfinden und singen. Wir Großen sind dankbar, dass er da ist, mit so viel Fachwissen und Herz.

Auch alle andern Menschen, die rund um Till arbeiten, beeindrucken uns. Die meisten sind jung und alle sehr kompetent. Sie kümmern sich um Patienten und Angehörige, mit viel Geduld und Empathie. Stets sind sie da, verbreiten Ruhe und Sicherheit im Sturm. Ein Gespräch ist jederzeit möglich. Wir fühlen uns aufgehoben und wissen, dass Till nicht besser und liebevoller betreut werden könnte. Die Nähe, die diese Pflegenden zulassen, berührt uns. Ihre konstante offene Fröhlichkeit hievt uns immer wieder aus einem Tief. Und für all das werden wir bis zum letzten Tag dankbar bleiben. Niemals etwas als selbstverständlich betrachten wird eine unserer wichtigsten Kraftquellen. Weil Dankbarkeit Boden gibt und kleines Glück. Zu jeder Zeit und bei jedem Wetter.

Wir lernen täglich dazu, kommunizieren mit Till über die Hand. Er drückt sie, wenn er Ja sagen will. So oft liege ich neben ihm und frage mich bang, was in ihm wohl vorgeht. Woran denkt und was fühlt so ein Kind, gerade brutal hinausgestoßen aus seiner pastellfarbenen Kinderwelt und dermaßen unsanft auf Onko gelandet? Seine Eltern haben ihn zwar gut vorbereitet, aber trotzdem ist da rundum so viel Fremdes und Beängstigendes. Mama und Papa sind Tills Hafen. Sie machen einen unendlich schwierigen Job auf eine bewegende Art. Wenn das Leben zu einem Monster wird, muss man sich neu erfinden und tausendmal über sich hinauswachsen.

Drei Monate nach der Operation darf ich zum ersten Mal mit Till das Zimmer verlassen. Mit einer Hand den Rollstuhl schiebend und mit der anderen den Infusionsständer, laufe ich den kurzen Gang auf und ab. Und obwohl es eigentlich ein großartiger Moment ist, überschattet ihn diese unbarmherzige Tatsache, dass Krebs auch Tod bedeuten kann. Till sitzt vor mir, zusammengesunken, ganz still, so zart und zerbrechlich. Ich schiebe weiter und lasse die Tränen fließen, bis keine mehr da sind. Wie sehr wünsche ich mir jetzt, einer Großmutter zu begegnen, die diese schreckliche Erfahrung gemacht und überlebt hat. Nur das könnte mir helfen. Da sind die Angst, an diesem Schicksalsschlag zu zerbrechen, und diese bedrückende Klarheit, dass unser Leben nie mehr so sein wird, wie es war.

Kaum hat sich Till ein wenig von dem schweren Eingriff erholt, beginnt die Chemotherapie. Es gibt keine Zeit, innezuhalten, zu bedrohlich ist sein Zustand, zu aggressiv dieser Krebs. Um die Nebenwirkungen abzufedern, wird er gleichzeitig von einem Alternativmediziner einer Klinik in Arlesheim behandelt. Kerstin hat intensiv gesucht und sich mit Simon für diese Ergänzung entschieden. Beiden ist wichtig, dass alle beteiligten Ärzte in die gleiche Richtung schauen. Und weil dem Alternativmediziner klar ist, dass Till auch die Schulmedizin braucht, und die Ärzte im Zürcher Spital die Alternativbehandlung gutheißen, bleibt Till von vielen Nebenwirkungen verschont.

Nur das Erbrechen wird ihn die ganze Zeit über quälen. Bald ist er so dünn, dass ein Windhauch ihn umwerfen könnte, und der Appetit will einfach nicht zurückkommen. Kerstin steht unter Dauerstress, weil Till auch jedes Medikament erbricht. Er beginnt, das Essen zu verweigern, sodass sie immer öfter mit ihm streiten muss, und das ist für sie unglaublich kräftezehrend. Sie schreibt uns traurig: »Wie sehr sehne ich mich doch nach meiner schönen Mama-Rolle und wie gerne möchte ich hinaus aus diesem Rollengemisch von Mama und Pflegender, das so viel Aggressionspotenzial beinhaltet.« Wie gut ich sie verstehe und wie innig ich mit ihr leide.

Irgendwann dann die gute Entscheidung, Till eine PEG-Sonde durch die Bauchdecke zu legen. Das erleichtert sein beschwerliches Leben sehr. Schluss nun mit Drängen und Schimpfen: Nahrung und Medikamente können ihm jetzt problemlos über die Sonde eingegeben werden. Das ist auch für diejenigen entlastend, die ihn pflegen und begleiten. Die Spezialnahrung fließt nachts, während er schläft, aus einem Plastikbeutel ganz langsam über die Sonde in seinen Magen. Später wird Kerstin ihm immer wieder auch tagsüber eine nährende Bouillon oder Wasser einflößen können, ganz nebenbei, während Till zum Beispiel in aller Ruhe ein Buch liest. Es ist ein gutes Gefühl, ihn nicht mehr unter Druck setzen zu müssen und trotzdem sicher zu sein, dass er alles bekommt, was er zum Überleben braucht.

Durch die Chemotherapie verliert Till auch sein schönes dichtes braunes Haar. Eine gute Fee kommt mit ihren Coiffeur-Utensilien und schneidet, was ohnehin ausfallen würde. Von ihr kann Till das annehmen. Sie lachen und schäkern zusammen. Tills Freunde bringen nun Bilder und Poster von Fußballhelden mit Glatzkopf. Wir kleben sie an die blauen Bettwände und an die Zimmerwand darüber. Von der Familie meines Bruders bekommt er eine Tapferkeitsmedaille, die er mit großem Stolz trägt. Eine wunderbare Idee. Liebe Menschen von überall schenken ihm jetzt Mützen und Kappen in allen Farben und Formen. Ohne Haare ist es offensichtlich: Dieses Kind hat Krebs. Verlassen wir die Onkologie-Station mit dem Rollstuhl, spüren wir die Blicke der Menschen auf ihm und uns. Kerstin schreibt uns an Tagen wie diesen, dass sie sich nur eines gewünscht habe, nach dieser Operation, als Till nur dalag mit geschlossenen Augen: »Dass er noch einmal hochkomme, um ihm alles geben, alles sein zu können und im Jetzt weiterzuleben, so intensiv und so gut wie möglich.«

Zum Glück hat Malin die Onkologie-Station als zweites Zuhause angenommen. Sie radelt im Gang, plaudert mit den Pflegenden, und wenn Till etwas Neues wieder kann, strahlt sie und posaunt es so lange hinaus, bis alle auf der Station Bescheid wissen. Die kleine Frau ist unser Sonnenschein, für sie ist es überall gut, wenn sie nur dabei sein kann. Ihre Fröhlichkeit steckt alle Menschen an, und ihr wunderbares Lachen macht alles ein bisschen erträglicher. Sie begleitet ihren Bruder zu jeder Untersuchung und jeder Therapie. Und allen Pflegenden ist klar, dass man die beiden nicht trennen kann. Malin bleibt Tills Verbindung zur Normalität eines Kinderlebens. An jedem Tag.

Die Kinder auf Onko bekommen Perlen verschiedenster Farben und Formen für jede Behandlung. Auf ihre Perlenketten sind sie sehr stolz. Da sind diejenigen, die schon mehrere besitzen, was mich schaudern lässt. Denn jede Kette erzählt von einer langen Onko-Geschichte. Das sind Geschichten, die das Leben schreibt, und alle verändern sie den Alltag einer ganzen Familie. Von Grund auf und für immer. Weil der Krebs, selbst wenn er geheilt wird, sich auf ewig eingenistet hat. In den Köpfen, in den Herzen und in der großen Angst, er könnte wiederkommen.

Till interessiert sich sehr für dieses Perlen-Ritual und will ganz genau wissen, wann man welche Perle bekommt. Er verschafft sich schnell den Überblick und schaut sich konzentriert und ganz lang den Inhalt der großen Perlenkiste an. Auch er sammelt und hat im Nu eine ganze Menge Perlen. Nur eine will er nie bekommen – diejenige, die verteilt wird, wenn ein Kind im Kinderspital allein übernachtet. Das müssen ihm Mama und Papa ganz fest versprechen: dass er niemals hier allein bleiben muss. Wie leicht, ihm das aus ganzem Herzen zu versprechen. Niemals werden wir Till alleinlassen.

Mein Alltag ist streng. Morgens fahre ich oft vor der Arbeit schon ins Kinderspital, damit Kerstin duschen und frühstücken kann. Entweder übernehme ich Till in seinem Zimmer, oder ich gehe mit der hellwach plaudernden Malin ins Spitalrestaurant, wo sie das Frühstück auswählt, mit dem sie diesen Tag beginnen will. Dann gehe ich zur Arbeit. Um vier Uhr steige ich wieder in das Tram Richtung Spital. Kerstin geht dann oft eine Runde mit Malin spazieren oder einkaufen in die Stadt, während ich es genieße, mit Till allein zu sein. Meistens bleibe ich, bis Simon kommt.

Auch er leistet Extremes. Das Arbeitsleben weiterzuführen und zu funktionieren wie vorher, ist eine riesige Herausforderung. Es gibt einige Onko-Papas, denen das zu viel wird und die sich einfach aus dem Staub machen, nach einem neuen Leben, einer neuen Frau suchen. Es kann passieren, dass alles zusammenbricht, die Liebe, die Familie, die Kraft, die Hoffnung, die Finanzen. Es wird keinen Tag mehr geben, an dem ich nicht dankbar bin, dass die große Liebe zwischen Simon und Kerstin stärker ist als jeder Orkan. Kerstin beschreibt uns Simons Berufsalltag als Geschäftsführer eines international tätigen Unternehmens, schreibt, wie unsagbar allein er sich zuweilen fühlt inmitten einer Welt, in der so viele Probleme nur Bagatellen sind angesichts der Krankheit des eigenen Kindes. Und doch muss er seine Kunden und deren Anliegen immer ernst nehmen. »So oft findet Simon einsam im Hotel den Schlaf nicht mehr. Er lebt mit dieser Riesenangst im Nacken, dass zu Hause der Alarm wieder losgehen und das Schiff kippen könnte. Dieses Leben ist ein ständiges Zerrissensein.«

Trifft Simon im Spital ein, stapfe ich durch den Schneematsch hinunter zum Tram. Manchmal nehme ich ein Taxi bis zum Bahnhof, weil ich nicht mehr gehen mag. Oft und immer wieder weine ich auf dem Weg nach Hause. Es hilft mir, wenn die Tränen fließen. Den ganzen Tag über tapfer zu sein, reicht. Und ich glaube, dass sie mich ungeweint krank machen würden.

Ein Sonnenstrahl im Keller

Tills Rückkehr aus seiner Zwischenwelt verläuft im Zeit-lupentempo. Die Augen wieder zu öffnen, offen zu halten, statt mit Händedruck jetzt durch Nicken zu kommunizieren, zu sitzen, alles ist verbunden mit einer riesigen Anstrengung. Unsere Verzweiflung hat sich verbündet mit der Angst vor dem Ungewissen. Till bleibt fast immer ein wunderlieber und geduldiger Patient. Mit seiner Güte und Sanftheit er-obert er die Herzen derjenigen, die ihn begleiten. Und wir Gesunden lernen jeden Morgen von ihm, das Beste aus dem neuen Tag zu machen. Nicht mehr und nicht weniger. Die Kinder lassen sich ihr Lachen und ihre Lebensfreude nicht nehmen. Darin sind sie Weltmeister und werden zu unse-ren Lehrern. Wir erleben, dass kleine Menschen über große Menschen hinauswachsen können. Kaum sind sie wieder fähig, das Bett zu verlassen, packen sie ihren eingeschränkten Alltag an, so gut es eben geht und ohne zu hadern. Es ist, als würden Till und Malin ihr Kinderzimmer einfach ins Kin-derspital verschieben.

Nach Monaten im Spital darf Till im Spätfrühling 2007 endlich wieder nach Hause. Doch die Chemotherapie geht weiter, und er pendelt ständig zwischen Blauem Haus und Spital. Es berührt und erleichtert uns sehr, mit welch gutem

Gefühl Till jeweils dorthin geht und dass er den Menschen dort so vertraut. Er weiß, dass sie ihm helfen und dass es der beste Ort ist für ihn. Einmal hört er von einem Kind, das nicht auf die Station zurückkehren will. Dass er das nicht verstehe, sagt er zu Mama, weil man dort doch am besten aufgehoben sei, wenn es einem nicht gut gehe. Malin weicht ihm kaum von der Seite. Sie verzaubert dunkel in hell. Ihre Leichtigkeit und Freude sind Balsam. Sie ist so innig verbunden mit ihrem kranken Bruder. Und in dieser Verbundenheit schafft sie immer wieder ihre eigenen Regeln. Als würde sie ahnen, dass sie Till irgendwann verlieren wird, begleitet sie ihn wie ein kleiner Schatten durch seine Tage. Oft schafft sie es nicht, sich von ihm zu trennen und den Kindergarten zu besuchen. Kerstin spricht ehrlich und offen mit den Erzieherinnen, erklärt die außergewöhnliche Situation. Sie und Simon wissen so gut, was sie wollen, nicht wollen und wo sie ihre Prioritäten setzen. Und dieser lösungsorientierten Suche stellt sich niemand entgegen.

Dann, im Juni 2007, ist die Chemotherapie endlich zu Ende. Malin hängt ihrem Bruder eine Medaille um den Hals, die sie mit Hingabe für ihn gebastelt hat. Als Belohnung, dass er so tapfer durchgehalten hat. Jetzt wird eine erneute MRT-Untersuchung zeigen, ob die Therapie erfolgreich war. Schon Tage vorher bebt der Boden. Eine ganz dünne, rissige Wand nur noch zwischen Leben und Tod. – Doch der Befund ist gut, auf den Bildern ist kein Tumor mehr zu sehen. Immer wird es Tage brauchen, bis wir uns erholt haben, selbst wenn das Resultat erfreulich ist. Der Boden schwankt noch lange weiter, die alte Sicherheit finden wir nie mehr wieder. Das Urvertrauen ins Leben nimmt Schaden, wenn ein Kind Krebs bekommt.

Till erholt sich nur langsam, bleibt schwach und zart. Er redet wieder, aber seine Stimme hat sich verändert und das Tempo, mit dem er durch sein Leben geht. Alles macht er nun sehr langsam und bedächtig. Sein Gang ist unsicher und wackelig geworden. Nur selten widersetzt er sich einer Behandlung, obwohl er immer auch das gute Recht hat, böse und wütend zu werden. In der Regel nimmt Till an, was kommt, und ergibt sich seinem beschwerlichen Alltag. An schlechten Tagen liegt er einfach nur ruhig da, liest Bücher, schaut Hefte an. An guten Tagen packt er auch mal etwas Schwierigeres an, will lernen, zum Beispiel ein neues Spiel mit möglichst komplizierten Regeln, oder er zaubert uns mit seinem Zauberkasten etwas vor, zeichnet, bastelt oder kickt Bälle in das Tor, das seine Eltern für ihn aufgestellt haben. Dann kann es sein, dass wieder sein munteres, unbeschwertes Geplauder neben mir fließt. Und manchmal kommt sogar der kleine Schalk zurück in dieses Gesichtlein, das so viel ernster geworden ist.

Eines Morgens fährt Till erstmals mit einem roten Dreirad aus der Physiotherapie ganz langsam durch den Spitalgang. Ich beobachte ihn, und da kommt sie wieder, diese Hoffnung auf ein zweites Wunder. Am Ende des Ganges stehen Ärzte und diskutieren. Plötzlich dreht sich einer um, sieht Till und stößt überrascht einen Schrei aus. Alle schauen sie hin und freuen sich mit uns in diesem großartigen Moment, und einmal mehr stehe ich da, zutiefst beeindruckt von denen, die tagein, tagaus mit Kinderkrebs konfrontiert sind und die trotzdem so durchlässig bleiben und weich für die Schicksale all der kleinen Menschlein, ausgesiedelt auf diese Station.

Till liebt alles, was mit Fußball zu tun hat, und er kennt alle erfolgreichen Spieler. Mit dem Thema kann er sich tagelang beschäftigen. Oft liest er uns aus den Fußballheftchen vor und freut sich, wenn wir ihm interessiert zuhören. Sie wird zu einer guten Welt für uns alle, Tills Fußballwelt, in der wir immer wieder staunen über ihn und so viel zusammen lachen. Hier ist und bleibt er der Beste, was er auch zu genießen weiß. Alle helfen wir Panini-Bilder sammeln, und mit ihm einen Match im Fernsehen zu schauen, wird eine ganz besondere Ehre für so viele seiner Freunde.

Wir sind dankbar, dass Till interessiert ist an ganz vielem. Wie könnten wir sonst seine langen Tage sinnvoll ausfüllen? Kerstin findet immer etwas, das neu ist für ihn und kleine Erfolgserlebnisse beschert. Oft hört er aber auch einfach nur die Lieder, die er so mag und die seine Mama auf den grünen iPod geladen hat. Manchmal redet er viel, wie früher, und manchmal ist er sehr still. Ich tue mich schwer, mich an diese neue Stille zu gewöhnen. Sie macht mir irgendwie Angst. Ich weiß dann nicht, was er denkt. Seit Till Krebs hat, kann ich nicht mehr all seine Gedanken teilen. Es gibt jetzt auch eine Till-Welt, in die er sich ganz zurückzieht und die ich respektieren muss. Was weiß ich denn schon über eine Kinderseele, die mit einem solchen Einschnitt fertigwerden muss? Auf unserer neuen Zeitreise gibt es jetzt auch gemeinsames Schweigen. Für mich bedeutet das auch ein erstes Loslassen. Am glücklichsten bin ich, wenn er redet, fragt, vorliest. Dann sind wir beide wieder dort, wo wir vor dem Krebs waren. Dann mag ich daran glauben, dass alles wieder gut wird.

Nach der Chemotherapie kommt sofort das Bestrahlen. So viel Angst ist da vor diesem kalten Krieg, in dem nicht nur Krebszellen zerstört werden. Wir müssen uns innerlich vorbereiten auf den düsteren Ort im Keller des Unispitals, wo Menschen hinkommen, die zwangsumgesiedelt wurden auf

Planet Onko. Eigentlich ist Till zu klein, um im Kopf und an der Wirbelsäule bestrahlt zu werden. Und trotzdem gibt es keine andere Wahl und Hoffnung angesichts der Bösartigkeit der Krankheit. Wenn die Krebszellen nicht am Wachsen gehindert werden, hat Till keine Chance. Wie alle Kinder mit einem Medulloblastom nimmt er an einer Studie teil, bei der Art und Anzahl der Behandlungen festgelegt sind. Die Studie soll helfen, die Therapie bei dieser aggressiven Krebsart zu verbessern, und man hofft, durch häufigere Bestrahlungen mit geringeren Dosen die Folgeschäden reduzieren zu können.

Till soll zweimal täglich bestrahlt werden, an fünfunddreißig Tagen. Siebzigmal muss er also von Dielsdorf ins Unispital Zürich und wieder zurück gefahren werden. Die Termine fallen in die Sommerferien. Wie wir das schaffen wollen, weiß ich nicht. Kerstin kann nicht Auto fahren, Simon kann nicht einfach aufhören zu arbeiten. Wie schön, dass sich Tills Großmutti, Simons Mutter, sofort bereit erklärt, an einem Tag pro Woche die vier Fahrten zu übernehmen, dafür will sie sogar extra freinehmen an ihrer Schule. Wir brauchen aber noch viel mehr Hilfe. Und so schreibt Kerstin eine Till.Mail und verschickt einen Fahrplan, in den sich die Menschen für eine oder mehrere Fahrten eintragen können. Schnell kommen weitere Hilfsangebote, und es werden immer mehr, bis irgendwann sämtliche Fahrten gebucht sind. Wieder so ein Märchen, für das die Dankesworte nicht ausreichen.

Derart angewiesen zu sein auf das Wohlwollen anderer Menschen, ist eine ganz besondere Erfahrung und die anerbotene Hilfe mit nichts vergleichbar. Kerstin schreibt dankbar: »Überall diese wunderbaren Menschen, ihr seid Medizin für mich. Zusammen werden wir es schaffen, diese Wochen schön zu machen und sie gut zu überstehen. Danke, dass ihr keine Angst habt, eure Kinder mitzunehmen auf unseren schwierigen Weg, und dass ihr sie teilhaben lasst an Tills Leben, auch wenn das nicht einfach ist. Ihr lebt ihnen vor, dass man sich um seine Freunde kümmert, gerade dann auch, wenn es ihnen nicht gut geht. Danke, dass ihr sie nicht fernhaltet von uns, aus lauter Angst.«

Ganz unten im Keller des Unispitals Zürich versammeln sich die krebskranken Männer und Frauen jeden Alters. Den einen sieht man noch fast nichts an, die anderen sind ohne Haare oder aufgedunsen vom Cortison, stecken mitten in der Therapie. Wieder andere werden in Rollstühlen hineingeschoben, und niemand schaut sie mehr an. Weil alle wissen, dass sie ihren Kampf bereits verloren haben. Und viele wollen doch gar nicht sterben. Noch nicht jetzt und sicher nicht an Krebs. Unser kleiner Mann ist das einzige Kind, und immer wenden sich ihm die Gesichter zu. In vielen sehe ich Erschrecken und Mitleid, vielleicht erkennen sie zum ersten Mal, dass es auch die Jüngsten, Unschuldigsten trifft. Vielleicht sind sie auch für ein paar Sekunden oder mehr dankbar, dass sie bereits so viel Leben leben durften, was ihnen vielleicht zu lange selbstverständlich erschien. Weil wir ja in der Schweiz sind und unsere Lebenserwartung bei über achtzig liegt. Und, verdammt, irgendwie glauben wir doch, ein Anrecht darauf zu haben, mindestens so alt zu werden.

Sogar an diesem für mich schrecklichsten aller schrecklichen Orte im Onkoland finden wir Freunde. Da sind all diese wunderbaren kompetenten Menschen aus verschiedenen Ländern, die hier unten einen großartigen Job verrichten. Die beiden Geschwister berühren alle zutiefst. Malin begleitet ihren Bruder jedes Mal zur Liege und beginnt dann vor der geschlossenen Tür zu zählen, bis die Strahlenmaschine wieder abgestellt wird. Während Till, den Kopf mit einer maßgeschneiderten Maske auf der Liege fixiert, damit die Strahlen genau an den richtigen Punkt gelangen, das Lied seiner Wahl vom Recorder anhört, das genauso lange dauert wie die Bestrahlung. Kaum zeigt die Lampe Grün, springt Malin mit den Pflegefrauen wieder zu ihm, um ihn zu erlösen.

Die Pflegenden schließen unsere Zwerge in ihr Herz. Vom ersten Tag an. Weil sie die Einzigen sind, die so viel Farbe, Leichtigkeit und Lachen in diesen trostlosen Keller mitbringen. Weil sie so viel Glück im Unglück haben. Weil all die Helfer, die den Transport übernehmen, aus jeder Fahrt etwas ganz Besonderes machen. Weil sie ihre eigenen Kinder mitbringen, eine schöne CD, ein Buch oder sonst etwas. Und weil sie so unbeschreiblich mutig sind und es wagen, an Tills Seite diese Unterwelt zu betreten.

Zuerst skeptisch, haben die Ärzte und Pflegenden schnell gelernt, dass gut vorbereitete Menschen entlasten statt stören. Dass sie lachen statt weinen und damit die ganze Onkowelt auf den Kopf stellen. Die Kinder rennen durch die Gänge des Spitals, sogar Till mit seinem schwerfällig wankenden Gang, gibt alles, um schnell dort zu sein, wo er so liebevoll erwartet wird. Manchmal schieben ihn seine Freunde auch lachend in seinem Wagen zum Aufzug. So fröhlich und gut gelaunt zum Bestrahlen zu erscheinen, ist nur möglich dank den wunderbaren Frauen und Männern, die dort arbeiten und mehr als alles geben, wenn sie an unserer Seite den Krebs bekämpfen. Jeden Tag stellen sie diesem Albtraum so viel Gutes entgegen, sagen Till, wie sehr sie sich immer auf ihn freuen und dass er wie ein Sonnenstrahl ihre Tage und diesen Keller erleuchtet mit seiner fröhlichen Leichtigkeit.

Luftballons für den Helden

Nach sechzig Bestrahlungen wollen die Ärzte nicht mehr weitermachen, obwohl die Studie, an der Till teilnimmt, noch zehn weitere verlangt. »Wir können es nicht mehr verantworten«, sagen sie, und ich frage mich voller Schrecken, wie viel zu viel sie wohl schon bestrahlt hatten, bevor sie diese Entscheidung fällten. Aber rückgängig lässt sich nichts mehr machen, und vieles bleibt ohnehin ungewiss. Und so bringt Kerstin am letzten Bestrahlungstag einen feinen Apéro mit für das Personal und Pepe Heiri seine Handorgel. Till will heute während der Bestrahlung »We Are the Champions« hören. Den Satz »And we will keep on fighting until the end« versteht er noch nicht. Wir Großen schon. Ja, wir werden weiterkämpfen mit ihm, mit aller Kraft, die wir mobilisieren können. Als wir in den Behandlungskeller kommen, haben die Pflegenden eine Schnitzeljagd vorbereitet für die beiden Kinder und Geschenke versteckt. So sitzen wir denn für eine kurze Zeit zusammen, knabbern, und Pepe singt und spielt sein Lied »Dr Till häts gschafft«, das er extra für diesen Tag geschrieben hat. Tränen sind Teil des Apéros. Für alle. Dieser Abschied ist fast ein wenig traurig. Für beide Seiten. Für die Dauer einer Seifenblase wurde der Onkokeller jeden Tag verzaubert. Und wir verlassen diesen Ort in größter

Dankbarkeit und Demut. Schon wieder hat es Kerstin geschafft, dem Unerträglichen die Spitze zu nehmen.

Ohne unsere Boatpeople wäre das nicht möglich gewesen. Niemals. Wie viel Schweres im Leben würde doch leichter, wenn es sich immer auf so viele Schultern verteilen ließe. Und das Schönste ist, dass sie uns am Ende sagen werden, sie hätten mehr bekommen als gegeben. Die diensttuende Ärztin sagt mir zum Abschied, sie werde uns nie vergessen und würde sich wünschen, dass wir das tun, was ich hier nun tatsächlich mache: schreiben. Schreiben über all die kleinen und großen Begleitpersonen, die uns jeden Tag spüren lassen, dass wir nicht allein durch diese Hölle fahren, und die alles geben, damit es zu einer fröhlichen, guten Fahrt wird. Die sich für Till interessieren, ihn begleiten und loben. Die Fragen stellen und ihm die Wichtigkeit geben, die er, der kleine Held, so sehr verdient hat. Und über die wunderschöne Grundstimmung, die nur gut ist und hoffnungsvoll und der sich niemand entziehen kann, auch das Pflegepersonal nicht. Wir verlassen diesen Keller, aufgewühlt, aber auch voller Respekt vor denen, die dort unter der Erde tagein und tagaus ihr Bestes geben. Falls Till einen Rückfall hat, darf er nicht mehr bestrahlt werden. Es wird also kein Zurück mehr geben an diesen unvergesslich schrecklichen Ort, wo sich trotz allem für uns das Glück und das Leid sechzigmal die Hand reichten.

Till wollte an diesem Tag unbedingt mit unserem Fiat abgeholt werden, weil dieser vorne drei Plätze hat und er dann zwischen Meme und Pepe sitzen kann. Nur mit Mühe hält er sich aufrecht. Die Strahlen haben ihm Kopfhaut und Ohren verbrannt, und die Haut beginnt sich zu lösen. So unendlich zerbrechlich und erschöpft ist er, und plötzlich spüre ich den Himmel ganz nah. Ich halte seine kleine weiche Hand, damit sie mir Halt gebe in dieser Zeit, wo mir nichts mehr sicher erscheint. Und längst ist nicht mehr klar, wer wen hält, wahrscheinlich die Große den Kleinen genauso wie der Kleine die Große. Verzweifelt suche ich nach etwas, das bleibt, der Druck dieses Händchens vielleicht oder das Bild dieser Heimfahrt nach der letzten Bestrahlung, auf der niemand mehr die Kraft hat zum Reden. Mit geschlossenen Augen lassen wir uns ins Blaue Haus fahren. Baschi singt im Radio »Du fählsch«, und der Tränenstrom rinnt warm hinter der Sonnenbrille hinab über meinen Hals. Ich ahne, dass eine Zeit kommen wird, wo Leben nicht mehr die beste Option für unseren kleinen Durchreisenden sein wird. Und ich bin mir sicher, dass ich ihn aus Liebe loslassen kann. Er wird nicht bleiben müssen. Nicht für uns und nicht um jeden Preis. Zu Hause angekommen, rollt sich Till ganz still auf dem Liegestuhl zusammen, und Pepe spielt ihm noch einmal sein Lied vor, »Dr Till häts gschafft, du bisch üsre grosse Held, wirsch zum Superstar jetz gwählt«.

An diesem Abend lassen wir, wie an den neunundzwanzig Behandlungstagen zuvor, von der Terrasse des Blauen Hauses zwei Luftballons himmelwärts fliegen. Jeder Ballon ist gefüllt auch mit der Hoffnung auf ein Wunder. Und sie kommen, die lieben Menschen, Tills Freunde, um ganz kurz draußen das Ende dieses Bestrahlungsmarathons zu feiern. Malin holt einen Kindersekt aus dem Kühlschrank, und die Welt ist wieder gut. Irgendwie und trotz allem. Und aus dem iPod ertönt einmal mehr Andrew Bonds »Heißluftballon«-Lied.

Fingerspitzengefühl

Kerstin wünscht sich jetzt so sehr eine Woche Inselleben. Sie schreibt uns, dass alles nur noch ein riesiger Kraftakt ist und Kleinigkeiten wie das Ausräumen des Geschirrspülers so viel Energie brauchen, dass nachher für Stunden gar nichts mehr geht. »Wenn man sich kaum mehr freuen kann über Dinge, die andere tun, wenn einem alles nur noch egal ist, weil man so müde ist, dass man einfach nur noch Ruhe will, braucht man dringend Hilfe.« Das Lager der Kinderkrebshilfe Schweiz in Lenzerheide Ende Juli 2007 wird zur Rettungsinsel. Mit kompetenter medizinischer Betreuung für den schwer gezeichneten Till und zusammen mit Menschen, die das gleiche Schicksal teilen. Und ohne die entsetzten Blicke, die sich sofort und nur auf denjenigen richten, dem man ansieht, dass er Krebs hat.

Heiri und ich bringen die drei hinauf, da Simon noch geschäftlich zu tun hat. Unser Auto ist vollgepackt. Da ist der Sondomat, dank dem Till problemlos versorgt werden kann. Und da sind all die Plastiksäcke voller Medikamente, Spritzen, Beutel und Sondennahrung. Alles, was für Tills Pflege benötigt wird, muss mit. Die Lagerleiterinnen erwarten uns schon, und das Haus gefällt uns sehr. Da kommen Helfer, die sich um unseren Gepäckberg kümmern, und schnell ist alles im Familienzimmer verstaut. Es ist wie im Märchen, und keine schönere Oase könnten wir uns vorstellen für die drei.

Unsere Zwerge sind ganz aufgeregt und glücklich. Sie staunen, dass hier nur wenige Kinder keine Haare haben. Für sie ist Krebshaben mit einem kahlen Kopf verbunden, und da sind halt solche, die ihre Krankheit schon länger hinter sich haben und hoffnungsvoll nach vorn sehen können. Viele Familien sind schon zum dritten Mal im Lager, und die Therapie ihres Kindes ist längst abgeschlossen. Die meisten hatten Leukämie, mit sehr hoher Heilungschance und relativ kleinen Folgeschäden. Kerstin sagt traurig, dass wir alle im gleichen Boot sitzen und wir doch zu denen mit den schlechtesten Karten gehören.

Sie tun ihr gut, diese Eltern und beeindruckenden Paare, weil sie so liebevoll miteinander umgehen und ganz viel Ruhe ausstrahlen. Abends schreibt meine Tochter in ihrer Rundmail: »Da sind Eltern, die wissen, wie vieles unwichtig ist und was sie aneinander haben. Einige aber blieben auch allein, weil es wohl nur Schwarz und Weiß gibt in so einem Lebenssturm. Man schafft es als Paar oder eben nicht. Um eine Beziehung auszuhalten und weiterzuführen, die nicht mehr gut ist, fehlt wohl die Kraft.«

Kinder kommen hier zusammen, die gut geerdet sind. Als ein Radioreporter sie für eine Sendung fragt, was sie sich wünschen, sagen sie: »Dass alle in der Familie gesund bleiben.« Das Leben hat sie nicht geschont, und für sie ist schon zu vieles nicht mehr selbstverständlich. Auch sie mussten lernen, Wichtiges von Unwichtigem zu trennen. Till ist gezeichnet vom Bestrahlen und unsagbar müde. Immer wieder schaue ich ihn an. So schwach sitzt er da, mit verbrannten Ohren, verbrannter Kopfhaut und ewig tränenden Augen, und manchmal weiß ich gar nicht mehr, wohin mit meiner Verzweiflung.

Malin bleibt fast immer an seiner Seite. Sie freut sich so, als er plötzlich wieder zu schreiben und zu zeichnen beginnt, ganze Listen von Fußballmannschaften erstellt. Wie hoffnungsvoll, seine kleine Kraft wieder zu spüren für den Überlebenskampf, der vielleicht sein ganzes Leben andauern wird. Scheißkrebs, denke ich zum hunderttausendsten Mal und werfe ein paar Steine in den Heidsee. Wenn die Wut auf das Schicksal mich überflutet, werfe ich öfter einmal Steine in ein Gewässer und fluche dazu, bis ich mich wieder aufgefangen habe.

Heiri und ich bleiben ebenfalls in Lenzerheide, wohnen in einem schönen kleinen Hotel am See. So sehr tut auch uns diese Auszeit gut bei den freundlichen, aufmerksamen Gastgebern. Wir genießen mit allen Sinnen diesen friedlichen, guten Ort in Graubündens Bergen. Wenn die drei uns brauchen, fahren wir ins Lager, übernehmen zum Beispiel Till, während Kerstin und Malin beim Essen sind. Noch immer hat er keinen Appetit. Er klagt, dass alles ganz scheußlich schmeckt im Mund. Wie froh sind wir wieder über seine Magensonde. Er hat sie so gut angenommen und ist glücklich, dass er nicht mehr zum Schlucken von Nahrung und Medikamenten gedrängt wird, dass dieser Kampf ausgekämpft ist. Die Kinder basteln Masken, und Till hält sich eine vors Gesicht, sagt lachend: »Gäll, petite Meme, jetz kännsch de petit Monsieur nüme.«

Im Lager fällt mein Blick immer wieder auf einen sanften kleinen Jungen im Rollstuhl. Ich muss ihn ganz oft anschauen. Seine Mama erzählt mir seine Geschichte und dass er jetzt die Sonderschule besuche. Ich höre zu, obwohl ich eigentlich gar nichts wissen will. Mir fehlt der Mut, daran zu denken, dass Till an den gleichen Punkt kommen könnte. Gegen so vieles wehrt man sich innerlich mit aller Kraft, bis man es dann doch annehmen muss, irgendwann. Weil man einsieht, dass es keinen Sinn mehr hat, sich etwas vorzumachen und der Realität aus dem Weg zu gehen. Ich nenne das meinen Flug ins Wachstum. Alles braucht seine Zeit, auch auf Planet Onko, wo die Uhren anders ticken.

Die Kinder sind glücklich auf dieser Insel, und Malin findet hier ein Mädchen aus dem Kinderspital wieder, mit dem sie sich angefreundet hatte. Die beiden werden unzertrennlich. Mit Menschen zusammen zu sein, die ein Schicksal teilen, tut gut. Am 1. August kommt Simon und lädt uns alle zu einem feinen Essen ein. Die Zwerge strahlen vor Glück, ihren geliebten Papa wieder dabeizuhaben. Till darf einkaufen gehen mit ihm, und seine Vorfreude ist ansteckend. In allen Farben malt er sich aus, was er alles zünden und in die Luft knallen wird. Raketen und Böller auszusuchen, findet er gerade das Schönste der Welt. Dann feiern sie auf der Lenzerheide diesen 1. August, mit Till, Schweizer aus Leidenschaft, dem dieser Nationalfeiertag so viel bedeutet. Heiri und ich fahren wieder ins Glarnerland zurück, um diesen Abend ganz einfach zu verschlafen. Für mehr reicht die Kraft nicht mehr.

Wir wissen nur wenig Konkretes über die langfristigen Schäden, die die aggressiven Therapien bei Till hinterlassen werden. Die Bandbreite ist groß. Vielleicht kann er nur die Sekundarschule statt das Gymnasium besuchen, vielleicht wird er aber auch ein körperlich und geistig schwer behindertes Kind. Die Ärzte sagen, sie könnten es nicht voraussagen.

Und ich weiß ohnehin nicht, ob und was ich ihnen glauben soll. Über zwei Jahre dauert es in der Regel, bis das ganze Ausmaß der Beeinträchtigung offenbar wird. Tausende Stoßgebete schicke ich himmelwärts, obwohl ich eigentlich nicht mehr daran glauben kann, dass irgendwer sie hört. Was für ein Schmerz, dass für Till so vieles nicht mehr möglich ist. Talente, Hoffnungen und Visionen fliegen davon wie die bunten Luftballons nach den Bestrahlungen. Ich kann sie nicht festhalten, muss mich ergeben.

Wenn Till nicht einschlafen kann, zählt er seiner Mama auf, was vielleicht schwierig wird: Dass die anderen im Schwimmunterricht viel besser sind als er. Dass sie am Sporttag schneller sind. Dass die Schule vermutlich anstrengend wird, weil er so lange gefehlt hat. Und immer sagt er: »Gäll, Mama, mir finded e Löösig.« Dann muss sie antworten: »Ja, min Held, sicher finded mir e Löösig für alles.« Immer und immer wieder muss Kerstin das sagen. Immer und immer wieder will er es hören: »Mir finded e Löösig für alles, versproche.« Worte können alles, auch zum Anker werden.

Ich will nicht, dass Kerstin oder die Kleinen mich in Verzweiflung sehen. Meine Trauer und Angst darf ich ihnen niemals aufbürden. Sie müssen schon genug aushalten. Immer wieder erzählen mir junge Frauen, dass sie die Tränen ihrer Mutter nicht ertragen, weil ihnen die Kraft fehlt, sie zu trösten. So wichtig ist es dann, dass man darüber spricht und einen Weg findet. Unsere Kinder haben keine Energie übrig, um die große Not der Eltern und Schwiegereltern zu lindern. Weil sie ihr eigenes Überleben sichern müssen. Mit Kerstins Bitte, meine Schwere immer draußen zu deponieren, komme ich sehr gut zurecht. Es fällt mir so erstaunlich leicht, Normalität ins Krankenzimmer zu bringen. In Tills Nähe geht es mir immer am besten. Dann werde ich ruhig, dann kann ich aktiv sein.

Kerstin schreibt uns allen: »Ihr habt verstanden, dass wir alles dafür geben, das Dunkle so gut wie möglich auszusperren, weil die Kleinen Helles so sehr brauchen. Ihr schafft das, bringt uns Licht und Lachen, Ideen und Inputs. Und ihr akzeptiert, dass einiges mehr hilft als anderes; dass wir sagen, was wir brauchen. Alles tragt ihr mit, selbst wenn ihr es vielleicht anders machen würdet. Hier geht es nur darum, über Wasser zu bleiben, und da bleibt keinerlei Kraft, um neue Schwimmstile zu lernen. Jeder Mensch, der auf unserem Boot bleibt, egal, wo es hinfährt, ist für uns ein Stück Sternenhimmel.« Manchmal hilft mir nur, daran zu glauben, dass wir alle irgendwann wieder zu einem Stück Himmelblau werden.

Till ist manchmal sehr durcheinander, und es braucht enormes Fingerspitzengefühl, seine Fragen so zu beantworten, dass er sie für sich ablegen kann. Für schwierige Themen muss Mama ihm den Weg ebnen. Gestern sagte er zu ihr: »Ich ha nöd wele brüele, und jetz isch es doch passiert. Mues me nüme so schnäll brüele, wänn me erwachse isch?« So gut tat es ihm, zu hören, dass man so viel weinen darf, wie man will, wenn es einem nachher besser geht, und das in jedem Alter.

Die Eltern müssen entscheiden, wann, wie viel und welche Hilfe sie brauchen. Es ist wichtig, dass die Großeltern in der zweiten Reihe bleiben und annehmen, dass Mama und Papa Richtung und Inhalte bestimmen. Unsere Rolle ist komplex und anspruchsvoll. Immer da zu sein, so nahe, und doch Distanz zu wahren, ist nicht einfach. Ressourcen zu haben und eigene Lösungen zu finden, wird auch für

Großeltern existenziell. Man sollte sich eingestehen, dass es Situationen geben kann, in denen man Hilfe von außen braucht. Weil es sein kann, dass man sich in eine Einbahnstraße verrannt hat. Wie hilfreich kann es dann sein, zum Beispiel eine Stunde mit dem Spitalpsychologen zu reden. Mir haben diese Gespräche immer weitergeholfen, und es gab jedes Mal mindestens einen Schlüsselsatz, der mir zeigte, welche Weiche gestellt werden musste.

Ein Lämpchen brennt mindestens

Heiri und ich versuchen, Normalität zu leben, und reisen in den Ferien nach Österreich. Aber mein Herz ist damit völlig überfordert. Jede Familie, die da so fröhlich den Tag verbringt, erinnert mich an das, was wir gerade verloren haben. Ich weine viel zu oft, und irgendwann entscheiden wir zurückzufahren. Ich schicke meiner Chefin eine SMS und sage, dass ich es jetzt sei, die eine Tagesstruktur brauche, und wieder arbeiten wolle. Zum Glück ermöglicht sie es mir. Ferien machen gehört zum Schwierigsten auf diesem Weg, weil das Unbeschwerte fehlt, das eigentlich dazugehört. Und weil man nicht weiß, wie viel gemeinsame Zeit man noch hat. Das zitternde Herz möchte nur eines: bei dem Menschen bleiben, dessen Leben bedroht ist.

Dass ich meiner inneren Stimme inzwischen vertraue, nur noch das tue, was sie mir sagt, bewahrt mich vermutlich vor dem totalen Absturz, dem Krankwerden. Trauer wird oft mit Krankheit verwechselt. Vielleicht, weil es einfacher ist, mit kranken statt mit trauernden Menschen umzugehen. Kranke brauchten ja nur die richtige Pille nehmen, um wieder wie früher zu werden – selbst schuld, wenn sie sie nicht nehmen! Dieses Unverständnis und die damit einhergehende Ungeduld sind unendlich verletzend in einer Zeit, wo die Haut so dünn und jeder Tag ein Kampf ist. Aber auch diese Erfahrung gehört wohl in den Lebenssturm-Rucksack.

Till packt sein neues Leben an, so gut es eben geht. Zurück in die Schule kann er nicht, zu geschwächt bleibt er. Im Blauen Haus ist er glücklich und zufrieden. Wie dankbar sind wir, dass wir diese Arche haben mit so viel Raum und Licht. Hier können wir den Ausnahmezustand überleben, auftanken an jedem einzelnen Tag. Bescheiden richtet Till sich ein, ohne zu hadern und zu hinterfragen. Auf dem Holzboden des großen Wohnzimmers ist immer eine Matratze mit Kissen und Kuscheldecken. Dort sitzt oder liegt er meistens, im Zentrum seiner Familie, mitten im Leben. Und immer wieder liegt oder sitzt jemand von uns neben ihm. Zusammen machen wir aus jedem Tag das Beste, füllen ihn mit allerlei Farben und kleinen Glückstupfern. Und wie oft sagt er dann: »Das war ein schöner Tag.«

Malinchens Haut ist dünn. Ganz harmlose Symptome bei Till wie ein Husten oder irgendein Schmerz lösen sofort große Angst aus, es könnte wieder etwas Ernstes und Bedrohliches sein. Intuitiv passt sie ihr Leben demjenigen ihres Bruders an. Er soll nicht merken, wie viel er nicht mehr kann und was nicht mehr möglich ist. Alles macht sie, um ihn zu schonen und zu unterstützen. Immer wieder lässt sie ihn gewinnen, sich überlegen fühlen, vorausgehen. Immer wieder und mit der größten Selbstverständlichkeit stärkt sie Tills Selbstbewusstsein, weil sie spürt, wie zunehmend wichtig das für ihn ist. Die Liebe zwischen den beiden Kindern ist jeden Moment spürbar, und sie wärmt uns, wenn wir frösteln. Immer wieder staunen wir, wie weise und schnörkellos Kinder die schwersten Wege gehen. – Heute gibt Papa ihnen Ziele vor, die sie mit Papierbällen treffen müssen. Sie lieben dieses Spiel, nennen es Haus-Golf. Begeistert werfen sie die Bälle, und wenn sie getroffen haben, erfüllt ihr Jubel die ganze Arche. Kein Tag, an dem nicht ausgiebig gelacht wird.

Da gibt es auch Frauen und Männer, die wir kaum kennen, die neben uns stehen und helfen wollen. Menschen, die aus dem Nichts auftauchen und einfach an Bord kommen. Kerstin nennt sie »Geschenke des Himmels«, findet keinen schöneren Begriff, um sie zu beschreiben. Diese Menschen steigen ein in unsere Geschichte, manchmal mit ihrer ganzen Familie. Und sie tun das, als wäre es das Selbstverständlichste der Welt. Jemand besorgt Till zum Beispiel völlig überraschend Karten für einen Fußballmatch der Schweizer Nationalmannschaft in Bern, den Till dann auch überglücklich besucht. Und da sind die vielen Frauen, die aus allen Richtungen zu uns kommen, uns etwas Liebes mitbringen, den Kindern vorlesen oder etwas ganz Besonderes organisieren, zum Beispiel dass ein bekannter Fußballspieler zu Besuch kommt. Wildfremde schicken Päckchen oder Briefe, legen eine Überraschung vor die Haustür oder geben sie ab am Empfang im Kinderspital. Die Ideen der Menschen, uns ihre Anteilnahme zu zeigen, sind so vielfältig wie sie selbst. Da werden Nahe zu Fremden und Fremde zu Freunden. Auch da tappen wir im Dunkeln, erkennen keinerlei Logik. Wir sind einfach froh, dass das Licht um uns herum nie ganz ausgeht. Ein Lämpchen mindestens brennt immer, und an dessen Schein halten wir uns fest, weil wir uns darauf verlassen können.

Kleiner Pfleger Aaron

So wird es Herbst in diesem schrägen Leben. Kerstin und Simon sind täglich vierundzwanzig Stunden im Einsatz. Der Kleine erbricht so oft, und der Betreuungsaufwand ist schier ohne Grenzen. Auch nachts muss er immer wieder Medikamente bekommen, schlafend wird er per Sonde versorgt. Ist der Sack leer, piepst der Sondomat. Kerstin beschreibt, wie dankbar sie und Simon sind, einander zu haben und so ein gutes Team zu sein. Und dass niemand ihr so viel abnehmen kann wie er. »Simon spritzt Till die Hormone, während ich Malins Zähne putze, damit er den beiden dann eine Gutenachtgeschichte erzählen kann, während ich Tills Tropfen mische. Nachher gebe ich Till seine Augensalbe, befeuchte seine ausgetrockneten Ohren mit Mandelsalbe, und Simon räumt inzwischen die Küche auf. Alles geht Hand in Hand und so kräfteschonend, weil es nur ganz wenige Worte braucht. Und doch liegen wir irgendwann dann einfach nur noch nebeneinander, erschöpft und ohne Kraft für diese neue Nacht.«

Es ist eine unbeschreiblich anstrengende Pflege. Die beiden sollten sich unbedingt einmal eine Woche ausruhen können, und Heiri und ich überlegen uns, wie wir es schaffen könnten, sie abzulösen. Am liebsten würden wir mit den Kindern wieder in ein Lager der Kinderkrebshilfe gehen, weil wir dort nicht allein wären und medizinisch und pflegerisch begleitet würden. Aber das geht nicht, das Lager steht nur Kindern mit ihren Eltern offen, Großeltern mit ihren Enkeln werden nicht aufgenommen.

Ich kann nicht nachvollziehen, warum wir nicht anstelle von Mama und Papa dorthin dürfen, die doch so dringend Erholung brauchen würden. Verständnislos suche ich im Internet nach einer Alternative und irgendeiner Anlaufstelle für Großeltern schwer kranker Kinder. Aber ich finde nichts. Und erstmals denke ich daran, irgendwann so ein Projekt anzupacken. Jetzt müssen wir sofort eine Lösung finden. Es eilt. Kerstin schlägt vor, dass wir die Woche bei ihnen im Blauen Haus verbringen, mit Unterstützung durch unsere Boatpeople und die Kinder-Spitex.

Wieder verschickt Kerstin mutig und zuversichtlich eine Till.Mail und beschreibt unsere Situation. Allein würden Heiri und ich das niemals hinbekommen, und es verlangt viel Mut, das offen auszusprechen. Aber die Hilfsangebote lassen nicht lange auf sich warten, und innert weniger Tage ist alles organisiert. Wir können auf Hilfe zählen in allen Bereichen. Jeden Tag wird für uns gekocht, der Haushalt besorgt werden, und ganze Familien haben sich angemeldet, um ein paar Stunden mit den Kindern zu spielen.

Kerstin und Simon reisen mit klopfendem Herzen nach Südtirol. Was für eine Leistung, loszulassen und wegzufahren. Und was für ein Vertrauen, uns die Kinder zu überlassen, mitten im Sturm. Sie sind überzeugt, dass wir Großeltern das schaffen und dass wir Lösungen finden werden, was immer auch passiert. Kein kostbareres Geschenk könnten wir uns grad vorstellen als dieses.

Wir übernehmen die Kinder und fahren gleich los mit ihnen und ihren liebsten beiden Freunden, Steffi und Florian, um in Basel an einer Rheinfahrt mit den Spitalclowns der Kinderkrebshilfe teilzunehmen. Die Kleinen sind großartiger Stimmung, und wir machen noch einen Halt auf der Autobahnraststätte, wo sie sich über Pommes und Würstchen hermachen. Selbst Till isst ein bisschen mit. Der Tag ist leicht, und wir freuen uns auf unsere gemeinsame Woche. Die Kinder sind glücklich und haben großen Spaß auf dem Schiff. Ganz stolz laden wir die Bande am Ende des Nachmittags wieder ins Auto und fahren zurück ins Blaue Haus. Abends klickt sich ein glücklicher Till durch vier CDs mit Schweizer Hits der letzten fünfzig Jahre und wartet gespannt, ob Meme das Lied schneller erkennt oder Pepe. So viel Lachen, so viel Spaß.

Heiri hat sich alles Wissen angeeignet über Tills medizinische Versorgung. Er kann mit der Vielfalt an Medikamenten genauso umgehen wie mit Tills Sondomaten. Nie hätte ich gedacht, dass er ohne jede Berührungsangst in eine derart anspruchsvolle Pflege einsteigen würde. Ich bin voller Bewunderung für meinen großartigen, mutigen Mann. Immer bleibt er ein Fels in unserer Brandung. Unterstützt von den Frauen der Kinder-Spitex, übernehme ich Tills Körperpflege. An den Küchenschränken hängen Listen mit jeder Menge wichtiger Punkte, die es zu tun oder zu beachten gilt. Unsere Tage und Nächte sind ausgefüllt. Und immer sitzt da auch diese Angst im Nacken, eine existenzielle Angst, die sich mit jedem Pulsschlag verbindet. Sie zu ertragen, benötigt Unmengen Kraft. Wie wird es weitergehen, was kommt auf uns zu, und wie wird es enden? Diese Fragen drehen sich wie Spielzeugkreisel in unseren Köpfen.

Till hat vor dem Einschlafen ein ganzes Buch ausgelesen. Malin beobachtet ihn und sagt: »Gäll, Till, du häsch so Glück gha, dass de Tumor oder d Operation nüt kaputt gmacht hät i dim Hirn. Du bruchsch es doch zum Läse. Zum Glück isch nur s Gliichgwicht beschädiget und nöd s Läsehirn.« Ganz sanft und zärtlich streicht sie über seinen Kopf: »Gäll, du liebe Buechstabe-Maa!«

Jeden Tag klingelt lieber Besuch. Und wieder sind darunter Menschen, die wir nicht kennen, Nachbarn und Freunde von Kerstin und Simon, die uns den kalten Herbst zum Sommer machen. Als wäre es das Selbstverständlichste auf der Welt, schenken uns Frauen ihre Zeit und verwöhnen uns mit liebevoll zubereitetem Essen. Sie kommen zum Plaudern, zum Spielen, zum Helfen. So viel Lebensfreude im Blauen Haus. Und eines Morgens wird ein großer Blumenstrauß bei uns abgegeben, mit der Karte einer Frau, die ich kaum kenne. Sie schreibt, dass sie sehr viel an uns denke und wir diese Blumen verdient hätten. Wie reich wir doch sind an Menschenwärme.

Irgendwann einmal nimmt Till meine Hand und sagt, dass sein Freund Aaron sich um ihn kümmern könne, falls es mir zu viel würde. Ich verstehe zunächst nicht, da Aaron doch erst fünf Jahre alt ist, und frage Till, wie um Himmels willen er denn darauf komme. Seine Antwort ist einfach: Weil Aaron alles verstehe, denn der habe auch schon Kopfschmerzen gehabt und eine MRT machen müssen. Sich den kleinen Aaron als Pfleger vorzustellen, ist so lustig, dass wir uns alle kugeln vor Lachen, selbst Till. Es ist beeindruckend, wie sehr er und Malin bemüht sind, Lösungen zu finden, eine der wichtigsten Fähigkeiten im Sturmleben. Längst hat sie das Leben zu kleinen Erwachsenen gemacht.

Till schläft neben mir. Er muss oft erbrechen und hat Durchfall. Das bedeutet jedes Mal, ihn zu waschen, neu einzukleiden und das Bett zu beziehen. Das kann drei-, viermal pro Nacht sein, und immer sagt Till dann: »Entschuldigung, Meme.« Ich könnte aufschreien, so weh tut das. »Du kannst doch nichts dafür, kleiner Mann«, sage ich und verbiete mir zu weinen. Die Wut auf das Schicksal ist wieder da. Und ich kann mir plötzlich vorstellen, dass Menschen wie wir ihren Zorn dann irgendwann gegen das Pflegepersonal auf der Onkologie-Station richten. Weil es sonst niemanden gibt, dem sie diese verdammte Ungerechtigkeit in die Schuhe schieben können. Und weil das Leben ihnen einfach zu viel abverlangt. Fällt man in diesen Abgrund von Verzweiflung und Mutlosigkeit, kann man leicht verloren gehen. – Nach dem ersten und dem zweiten nächtlichen Einsatz schaffe ich es meistens, wieder einzuschlafen. Nach dem dritten bin ich jedoch hellwach. Irgendwann gehe ich dann in die Küche und mache mir einen Kaffee, das kann auch bereits um zwei Uhr sein. Gegen Morgen schlafe ich dann todmüde wieder ein, zumindest für kurze Zeit.

Die Zwerge sind so lieb und so vernünftig. Nie machen sie uns Stress, tun alles, um uns die Arbeit zu erleichtern. Wie schon früher in den gemeinsamen Ferien sind sie so kooperativ wie möglich, als wollten sie ihren Großeltern nicht zu viel aufbürden. Täglich schauen die Pflegerinnen der Kinder-Spitex herein. Sie waschen und pflegen sorgfältig Tills Körper und seine Mundschleimhaut, kontrollieren seine Körpertemperatur, den Blutdruck, die PEG-Sonde, den Sondomaten und die Medikamentenabgabe. Und sie beantworten auch unsere Fachfragen, von denen sich ständig neue ergeben. Es tut gut, ihnen zuzuschauen bei der Pflege und mit ihnen reden zu können. Sie geben uns die nötige Sicherheit für diesen Einsatz und sorgen für Ruhe, wo der Boden wankt. So sind die Tage immer auch ausgefüllt mit allerlei Schönem. Gemeinsam sind wir stark und vertreiben die Schatten. Von so vielen Menschen begleitet und verwöhnt zu werden, gibt uns Kraft für die nächste Nacht und den folgenden Tag.

Die Zeit vergeht wie im Flug, und die Zwerge, die unkomplizierten, allerliebsten, freuen sich bereits, dass Mama und Papa bald wiederkommen. Sie bereiten die Willkommensparty vor, sie malen, basteln und planen. Rote Herzen wollen sie ihnen entgegenwerfen, und das Lied »Ewigi Liebi« soll dazu gespielt werden. Alles klappt so, wie sie es sich vorgestellt haben. Überglücklich kuscheln sie mit Mama und Papa, haben viel zu erzählen. Wir übergeben die Kleinen nun wieder, froh und dankbar, es geschafft zu haben, froh und dankbar aber auch, dass wir Kerstin und Simon diese Auszeit ermöglichen konnten.

Am nächsten Tag fahren Heiri und ich mit dem Auto Richtung Nyon, in die Heimat meiner Mutter und meiner geliebten Grandmaman, bei der ich früher jede Ferien verbrachte. Ganz fest will ich Heiris Hand halten, und er steuert uns mit der anderen schweigend westwärts. Unterwegs spüre ich plötzlich, dass ich keinerlei Kraft mehr habe, dass ich ein Bett brauche, und zwar sofort. Wir halten an einer Autobahnraststätte an, wo auch ein Hotel steht, und ich falle augenblicklich in den tiefsten Schlaf meines Lebens.

Nachts schreibt uns Kerstin, dass sie nun alle wieder beieinanderlägen, unter ihren warmen Decken. »Es ist Mitternacht, und Till sagt verzweifelt, die Ohren täten ihm so weh, dass er sie abschneiden wolle. Gebe ihm Tropfen, reibe sie ein, drücke ihm Coolpacks an die Ohren. Immer muss ich ganz ruhig bleiben und ihm versichern, dass es bald besser wird, sonst steigert er sich mehr und mehr in Panik hinein. Auch Malin ist erwacht, und ich lese ihnen ›Momo‹ vor. Liege da und könnte es schütteln, dieses Leben, immer wieder neue Symptome bei Till, die niemand zuordnen kann. Aber wir sind im Blauen Haus, und ich bin unendlich dankbar, dass wir dieses Leben unter diesen Rahmenbedingungen führen können. Denke an die Mamas im Krieg oder nach Erdbeben, die schwer verletzte und kranke Kinder haben und weder Hilfe bekommen noch Medikamente. Deren Kinder weinen, weil sie Schmerzen haben, Hunger und kalt. So oft denke ich an die Mütter dieser Welt, von denen so viele mit uns tauschen würden, die alles gäben für ein Leben wie das unsere. So kann ich das, was uns geschieht, wieder auf eine andere Ebene bringen und sehe all das Gute noch viel klarer. Till hat sich wieder beruhigt, und alle schlafen wir weiter.«

Etwas vom Ergreifendsten an meiner Tochter ist, dass sie immer wieder die Größe hat, zu relativieren. Inmitten ihrer grenzenlosen Verzweiflung findet sie noch die Kraft, an die Mütter der Welt zu denken. Sie hat ja so recht, in ganz vielen Ländern bekommen krebskranke Kinder keine Medikamente, keine Schmerzmittel, und das oft inmitten größter Armut und Not. Für unser Überleben ist es zwingend, das, was uns passiert, immer wieder in einen größeren Kontext zu stellen. Wie wunderbar, kompetent und liebevoll unser Kleiner doch gepflegt und betreut wird, und die Menschen, die in unseren Spitälern arbeiten, machen einen großartigen Job. Wir spüren das, und es ist uns jeden Moment bewusst, dass es auch ganz anders sein könnte, wären wir an einem anderen Ort der Erde geboren worden.

Herkulesübungen

Im Winter bestellt Kerstin in Deutschland einen roten Bollerwagen für Till. Er freut sich und setzt sich sehr gern in diesen Leiterwagen, den er schalkhaft Ferrari nennt. Seine Freunde lieben es, ihn darin spazieren zu führen. Anders als beim Rollstuhl, bemerkt bei diesem geräumigem Gefährt nicht jeder sofort, dass da ein behindertes Kind sitzt. Sehr schwach ist er, unser kleiner Mann, aber er will in die Schule, was mit ganz vielen Schwierigkeiten und Sonderregelungen verbunden ist. Mama muss in seiner Nähe bleiben.

Kerstin, wie immer, richtet sich ein. Sie nimmt Lektüre mit und setzt sich in den Gang von Tills Schulhaus. Nur so kann es funktionieren. Till braucht die Sicherheit, dass Mama jederzeit erreichbar ist und ganz schnell da sein kann, wenns nicht mehr geht. Hauchdünn ist seine Haut, und sofort ist er überfordert. Fragen ihn die Kinder, was mit ihm passiert ist, weint er. Es ist zu viel für ihn, das erklären zu müssen. Er ist völlig aus dem Gleichgewicht, ständiges Erbrechen bleibt Alltag.

Meine Tochter informiert von Anfang an offen und klar Lehrer und Behörden über Tills Erkrankung. Erklärt den Mitschülern, was Krebs konkret bedeutet und verändert, liest ihnen aus Professor Grotzers Buch »Eugen und der freche

Wicht« vor. Sie steht zur Verfügung für Fragen von Groß und Klein, interveniert, wenn etwas schwierig wird. Einer englischen Studie zufolge werden krebskranke Kinder in der Schule oft gemobbt. Weil den Mitschülern das Werkzeug fehlt, um mit dieser unbekannten Situation fertigzuwerden. Wir glauben, dass die Kleinen das nicht ohne Unterstützung der Großen schaffen. Und auch hier ist es grundlegend, dass man die Sachen beim Namen nennt und die Menschen an die Hand nimmt. Eine erschütterte Onkokind-Oma erzählt mir, dass die Kinder im Dorf sagen, ihre Enkelin habe Aids.

Mit Kerstin im Rücken steigen die Primarschule Diels-dorf und später auch die Heilpädagogische Schule Dielsdorf auf unser Boot und bieten einfühlsam und bedarfsorientiert Hand zu guten Lösungen. Schulpflege, Lehrpersonen und Therapeuten setzen sich mit dem Thema Kinderkrebs auseinander und unterstützen mit ganz viel Herz und Flexibilität Kerstins Anliegen bis zum Schluss, übernehmen sogar Fahrten ins Kinderspital. Dielsdorf ist ein schönes und berührendes Beispiel dafür, dass auch ein Tabuthema wie Krebs in den Schulalltag aufgenommen werden kann und so in den Köpfen von Schülern und Lehrern viel bewegt.

Alles, was Till nicht mehr schafft, ist unser aller Dauerschmerz. Sich ergeben zu müssen, wird eine der extremsten Herausforderungen. Früher konnte ich immer aktiv werden, wenn es schwierig wurde. Ich konnte etwas ändern, abbrechen, neu angehen. Hier funktioniert das alles nicht. Der Krebs hat uns zu seinen Gefangenen gemacht, und es ist absolut sinnlos, sich dagegen zu wehren. Nachts schreibt Kerstin, dass sie für immer denjenigen dankbar bleiben werde, die an uns dächten, uns Zeichen schickten und einfach da seien. »Ohne sie ginge es niemals, man würde vielleicht irgendwann verrückt werden.« Und plötzlich kann man sich sogar diese Option vorstellen.

Auf unserem Boot finden wir eine Art Sicherheit. Dass wir das Ziel nicht kennen, müssen wir hinnehmen. Tills Betreuung füllt weiter Tage und Nächte. »La vita è bella«, umgesetzt im realen Onko-Leben, braucht kraftvolle Eltern, die tagtäglich das kleine Leben mit kleinsten Erfolgserlebnissen füllen. Eine meiner Dauerängste ist, dass Kerstin oder Simon ausfallen, dass sie krank werden könnten. Dann würde ich von der zweiten Reihe in die erste rücken, und ich bezweifle, dass meine Kraft ausreichen würde.

Immer wieder frage ich mich, wie das andere Familien lösen. Viele werden sehr einsam auf Planet Onko. Wenn die Kraft ausgeht, um Kontakte zu pflegen, wenn man weder einladen noch anrufen, noch Anteil nehmen mag an den Problemen der anderen, traurig wird, schwermütig oder einfach nur anders, dann können Freundschaften und Familiensysteme schnell zerbrechen. Denn Krebsgeschichten dauern oft Jahre. Nicht nur das betroffene Kind, auch das Umfeld kann kaputtgehen an dieser Belastung. Deshalb geben wir Kerstin und Simon immer wieder die Möglichkeit für kleine Zweisamkeiten, etwa ein gemeinsames Essen an einem schönen Ort. »Damit wir einfach wieder das gute Paar sein können, das wir doch eigentlich wären, würde uns dieses Leben nicht jahrelang im Ausnahmezustand einsperren. Das Paar mit so vielen Interessen, Ideen und Visionen, in ständiger Bereitschaft, Neues anzupacken«, schreibt Kerstin uns dankbar.

Malin, die Till innig verbunden ist, will nach wie vor in seiner Nähe sein. Manchmal können wir für kurze Zeit etwas mit ihr allein unternehmen, und einmal kommt sie nach vielem Überreden sogar zu uns nach Hause. Ich bin total glücklich, und wir kaufen unterwegs noch im Spielwarengeschäft das rosa Schloss von Playmobil. Mit den Plastikfiguren und Landschaften verarbeitet Malin schon seit Jahren spielend alles, was ihr zustößt und sie schüttelt. Aus einer großen Schachtel voller rosa Teilchen entsteht im Laufe dieses Nachmittags das abgebildete Schloss. Malin ist fröhlich und unbeschwert, aber gegen Abend wird sie immer stiller, bekommt Heimweh und schluchzt nur noch herzerweichend. So verzweifelt ist sie, dass sie am Telefon kaum reden und nur weinen kann. Papa muss sie holen. Es gibt keine andere Lösung. Sie muss dorthin, wohin ihr Herz sie zieht und wo sie hingehört. Dem gibt es nichts entgegenzusetzen, keine Macht und kein Argument. Liebe bedeutet jetzt auch, dass wir Großeltern uns ganz tapfer von Wunschbildern, Gewohnheiten und Sehnsüchten lösen und Ja sagen zu dem, was die Enkel benötigen für ihren Überlebenskampf.

Meine Festplatte muss während dieser Reise von ganz vielem befreit werden, damit Raum und Offenheit für das Neue entsteht. Es ist nicht mehr das Leben, in dem man wählen, an Altem und Bewährtem festhalten kann. Verlangt sind nun Toleranz, Verständnis, Rücksichtnahme, Flexibilität, Sich-zurücknehmen-Können und die Bereitschaft, nach Lösungen zu suchen, und das in einem Rahmen, der für alle sehr klein und eng geworden ist. Beweglich zu bleiben, ist existenziell, um die fragil gewordenen Beziehungen zwischen den drei Generationen nicht zu gefährden. Hinschauen und hinhören, ohne zu werten und zu kritisieren, Boden geben statt nehmen. Einer unser wichtigsten Sätze im Alltag wird: »Es ist, wie es ist.«

Till bekommt einen wunderbaren Physiotherapeuten. Ein kompetenter, warmherziger junger Mann nimmt diese Herausforderung an und begleitet Till liebevoll bis zum Schluss. Jede Stunde mit Sämi ist bunt und wird zu einem Erfolgserlebnis. Till liebt ihn und versteht, dass er trainieren muss wie ein verletzter Fußballer. Immer wieder dienen ihm jetzt verletzte Sportler als Vorbild. Müde, wie er meistens ist, schafft er vieles nicht mehr. Aber er ist stolz auf das Erreichte und die kleinen Schritte. Und dank Sämi wird er wieder selbstbewusst, wenn er die eigens für ihn erfundenen Herkulesübungen gemacht hat. Wie gut dieser unserem Kleinen tut. Und das ist es, was wir brauchen, Ruhe und Oasen im Sturm. Zieht Kerstin Till nach seiner Therapiestunde dann im Bollerwagen nach Hause, stellt er ganz zufrieden fest, dass er schon ein bisschen stärker geworden sei. Daheim sagt er zur Mama: »Ich bin glücklich, dass wir wieder zu Hause sind«, nimmt ihre Hand und küsst sie. Immer und immer wieder.

Heiri und ich übernehmen die Kinder für einen Sonntag, weil sie mit uns zum Rheinfall wollen. Sie freuen sich so, wenn sie uns etwas zeigen können. Ich helfe dem mutigen Till ins Schiff einsteigen, das uns ganz nah an den Wasserfall bringt. Wir wollen diesen Sonnensonntag mit ganz viel Lachen und Spaß füllen, so wie die Kinder es lieben. Später ziehe ich Till in seinem roten Ferrari, so schnell es nur geht, den Rhein entlang. Malin rennt neben uns, will wissen, wer schneller ist, sie oder Till. Alles muss magisch werden, wenn man dem Tod eine lange Nase drehen will, und Malin glaubt plötzlich, die Steine am Ufer singen zu hören.

Auf dem Heimweg besuchen wir noch die Großmutter der kleinen Laura, bei der fast zur gleichen Zeit wie bei Till ein Hirntumor diagnostiziert wurde. Wir lernten uns eines Tages im Kinderspital kennen, als jemand »Meme« rief und wir zwei Großmütter uns umdrehten. Ganz spontan haben wir uns umarmt, wir fühlten uns von der ersten Sekunde an verbunden und wurden so zu Laura-Meme und Till-Meme. Jedes Mal, wenn wir uns treffen, fühlt sich das wunderbar an. Wenn sie mir schreibt, könnten es auch meine Worte sein. Und beide sind wir unbändig stolz auf unsere wunderbaren Töchter.

Laura hat den Krebs ohne Rückfall überlebt.

Nichts kostbarer als Zeit

Immer wieder muss Till ins Spital, stationär oder ambulant, zu Routineuntersuchungen oder Abklärungen, wegen Fieber, unklarer Schmerzen oder anderer Beschwerden. Und noch immer bekommt er im Rahmen der sogenannten Erhaltungs-chemotherapie regelmäßig Infusionen. Die Fahrten unter-nehmen wir meistens im »Onko-Taxi«, dem Fahrdienst der Krebsliga Zürich. Es funktioniert wie ein Sammeltaxi, dauert also etwas länger, aber wenn es sich nicht um einen Notfall handelt, ist das völlig in Ordnung. Die Kleinen kennen bald jede und jeden dieser ehrenamtlich tätigen, ganz besonderen Frauen und Männer, die am Steuer sitzen, und freuen sich jedes Mal, sie wiederzusehen. Begegnen wir Tills Freunden auf ihrem Schulweg, kommt mir unser Schicksal entsetzlich unfair vor. Dass der Krebs sich einfach dieses Kind aussucht und es herausreißt aus seinem unschuldigen Kinderleben, hört niemals auf, mich zu erschüttern. Unsere beiden sitzen brav da und hören eines ihrer Lieblingslieder, »Ich schaff das schon!« von Rolf Zuckowski, dessen Texte die Kinder so lie-ben. Malin singt ganz leise und traurig mit. Sie will es wieder und wieder hören, bis sie auch heute daran glaubt, dass wir es wirklich schaffen werden. Lieder verwandeln sich für die Kinder in Rettungshelikopter.

Über die stationären Spitaltage ist Kerstin manchmal richtig froh, weil sie dann die riesengroße Verantwortung und die kräftezehrende Pflege einfach einmal abgeben kann. Ein Leben im Ausnahmezustand erfordert dauernde Flexibilität und ständiges Neubestimmen der Prioritäten. Der Garten verwildert und das Haus verstaubt, Berge unerledigter Post und Wäsche häufen sich. Auch bei uns im Gelben Haus. Pläne werden über den Haufen geworfen, Besuche verschoben. Jederzeit kann ein Anruf kommen, dass die ganze Familie wieder notfallmäßig mit Till unterwegs ist ins Spital. Da fehlt einfach die Kraft für so vieles, auch um Menschen einzuladen und zu bekochen. Unendlich dankbar sind wir denen, die das verstehen und uns weiterhin an ihren Tisch bitten. Nichts mehr ist voraussehbar, und einiges funktioniert nur noch auf Sparflamme. Immer wieder sind wir froh, wenn auch unsere jungen Verwandten kommen und die Kinder besuchen. Till und Malin lieben diese fröhlichen Frauen und Männer, die sich so liebevoll um sie kümmern. Es gibt kein Sinnvolleres und Großartigeres mehr als geschenkte Zeit. Till ist trotz all seinen Einschränkungen meistens einfach glücklich und sagt immer wieder, dass das Leben schön sei. Und dann umarmt und küsst er seine geliebte Mama, was für sie inmitten dieser Bedrohung wunderschön und traurig zugleich ist.

Nur Simons Alltag muss strukturiert und geplant bleiben, weil er die Existenzgrundlage seiner Familie sichern muss. Für ihn bleibt es schwer, sich immer wieder mit sorgenvollem Herzen von seinen Liebsten trennen zu müssen und oft weit weg zu fliegen. Er kann sich sicher sein, dass seine Frau immer hinter ihm steht, in größter Dankbarkeit, dass er diesen Part übernimmt und sie sich keine Sorgen machen muss um das

Geld. Kerstin ist die Frau, die selbstbewusst und autonom alles regelt in seiner Abwesenheit. Bei Bedarf organisiert sie sich Hilfe und Unterstützung, manchmal nur mit einem Mausklick. Sie fällt wichtige Entscheidungen allein. Längst wurde das für sie zur Selbstverständlichkeit. Dass Simon ihr das zutraut, macht sie stolz. Er kann sich darauf verlassen, dass diese Entscheidungen auch in seinem Sinne sind, weil sie beide in die gleiche Richtung schauen. Nie müssen sie sich darüber streiten. Ihr Weg ist beeindruckend, und sie bleiben uns Beispiel für gelebtes Teamwork.

Alle lernen wir jetzt, dass Verschiedenheit Ergänzung ist statt Bedrohung. Gemeinsam erst wird man stark. Kerstin schreibt uns, dass Simon der wunderbarste Papa ist, den sie sich für ihre Kinder wünschen könnte. »So zärtlich sagt er den Kindern jeden Tag, wie unendlich er sie liebt und wie stolz er auf sie ist. Till hält jede Nacht Papas Hand und kuschelt sich ganz eng an ihn.« Und dieser Papa kehrt aus dem Büro, von Sitzungen und großen Anlässen immer direkt zu seiner Familie zurück, in das so ganz andere Leben. Er kommt, um zu teilen mit seinen Liebsten, richtet sich ein im engen kleinen Spitalzimmer, wenn es wieder zu ihrer Stube wird. Legt sich zu Till, für eine weitere schlaflose Nacht vielleicht, oder schiebt die schlafende Malin im Buggy durch die langen, leeren Spitalgänge ins Besucherzimmer, um dort mit ihr zu übernachten. Mein tapferer, liebevoller Schwiegersohn im Anzug, der seine schlafende, in Decken gehüllte, zerbrechliche kleine Tochter im Kinderwagen durch die Nacht fährt, ist eines der berührendsten Bilder meines Lebens.

Und immer, wenn ich es erlebe oder mich später daran erinnere, spüre ich grenzenlosen Respekt und Demut vor der Liebe dieses Papas zu seinen Kindern und dieses Mannes zu seiner Frau. Ohne ihn wären wir aufgeschmissen. Das Leben erteilt uns eine Lektion nach der andern, und wir tasten uns vorwärts. Wie gut das tut, in Kerstins Mail spätabends zu lesen: »So kostbar, dass Simon und ich einander so viel Freiraum lassen können. Simon würde nie freiwillig lesen, was ich gerade lese. Und ich würde nie auf einen Pfeil-und-Bogen-Parcours gehen. Und doch nimmt er an, was ich erzähle, hört interessiert zu, wenn ich einen Gedanken aus einem Buch wichtig finde. Und ich war mit ihm auf einem Parcours, um zu begreifen, was diese Faszination Bogenschießen ausmacht. Jetzt verstehe ich, was es bedeutet, allein durch die wunderschönen Herbstwälder zu schweifen, endlich mal Ruhe zu haben, immer wieder anzuhalten und sich auf den Pfeilbogen zu konzentrieren. Das ist wie Atemtherapie, Yoga oder beides zusammen.«

Malin ist krank und braucht Antibiotika. Sie schreit wütend, dass sie die niemals nehmen wird. Till weint, weil Malin schreit, und will, dass sie ihr Medikament sofort nimmt. Irgendwann steht er auf und holt einen Becher Wasser und eine leere Spritze, damit die kleine Schwester nachher ihren Mund ausspülen kann. Sie beruhigt sich sofort und schluckt nun brav, Till hilft beim Mundspülen. Er muss ihr versprechen, dass er das nun jedes Mal tun wird, weil sie das nur gemeinsam mit ihm schafft. Zwei Helden, die sich gegenseitig stützen.

Und küsst sie, immer wieder

Wir sind eine kirchenferne Familie. Da steht weder eine Religion im Vordergrund noch eine Bibel im Büchergestell. Manchmal frage ich mich, ob ein Kind in Tills Zustand das vielleicht brauchen würde. Aber Till macht sich von ganz allein auf die Suche nach Antworten auf Fragen, die er nicht stellen kann oder nicht stellen mag. Seit er krank ist, hat er neben seinem Leben mit uns auch ein ganz eigenes. Zumindest habe ich als Großmutter dieses Gefühl. Vielleicht weiß er ja mehr, als wir denken, vielleicht will er selbst entscheiden, was er mit uns teilen will und was nicht. Till kauft sich ein Buch, in dem die verschiedenen Religionen beschrieben sind, und liest es mit größtem Interesse. Erleichtert bin ich jetzt, dass ihm nie jemand eine Religion auferlegt hat, womöglich noch verbunden mit Schuldgefühlen, das würde ihm sein kleines Leben noch schwerer machen. Till kann sich in Freiheit seinen eigenen Weg suchen. Er kauft sich Kinderbibeln, eine nach der anderen. Und vertieft sich dann stundenlang in die Geschichten. Etwas verunsichert sage ich ihm, dass ich weiterhin lieber andere als diese biblischen Erzählungen vorlesen möchte, weil ich keine Antworten weiß auf die mir oft so fremden Inhalte. Er ist sofort einverstanden, und ich bin erleichtert. Das Leben hat mich nicht darauf vorbereitet, ein Kind in den Tod zu begleiten. Mit so etwas rechnen Großeltern einfach nicht.

Als der Hund der Nachbarn eingeschläfert wird, möchte Till ihn anschauen gehen. Er will wissen, wie ein Hund ohne Seele aussieht, und fragt, ob es nicht besser gewesen wäre, ihn auf der Wiese draußen einzuschläfern, weil die Seele so ja gar nicht aus dem Haus komme. Und seine Mama erklärt ihm, dass die Seele auch durch ein Fenster zu den Sternen fliegen kann. Er ist wieder beruhigt. Das kann er sich gut vorstellen. Eines Tages erzählt Till, dass er mit Gott rede. Ich bin sprachlos, aber ich zweifle nicht daran. Keine Sekunde. Ich frage ihn, ob Gott ihm Antwort gebe auf seine Fragen, was er lächelnd bejaht. Zutiefst bin ich beeindruckt und gleichzeitig beruhigt. Till sucht und Till findet. Ganz fest nehme ich ihn in meine Arme und möchte ihn am liebsten nie mehr loslassen.

Einmal warten im Kinderspital einige Menschen vor einem Aufzug, der einfach nicht kommen will. Till läuft hin und drückt auf den Knopf. In dem Moment öffnet sich die Fahrstuhltür, und Till lacht. »Has scho gwüsst, dass er chunnt. Ha mit Gott gredet, und er hät gseit, er schickt ihn grad.« Mama und Papa lassen ihn zu jeder Zeit entscheiden, wann er wem was preisgeben will von seinem großen Geheimnis. Längst ist unser kleiner Mann über uns hinausgewachsen und zum Lehrer geworden. Seine Eltern geben ihm den Raum zum Wachsen, voller Liebe und Respekt. Als der Spitalpfarrer zu ihm kommt, freut er sich und will wissen, ob es auch Filme gebe über die Bibel. Der liebe Mann bringt ihm umgehend einen Katalog, den Till mit großem Interesse durchschaut. Er liest uns daraus vor, und wir verjagen lachend alle Angst aus dem kleinen Spitalzimmer. Als ich mich von ihm verabschiede, sagt er: »Das isch en Glückstag, Meme!«, und lacht. Auf dem Heimweg summe ich sogar ein Lied vor mich hin. Was für ein Geschenk, dieses ganz besondere Kind, auch wenn sein Besuch hier vielleicht nur ein kurzer sein wird. Ich denke darüber nach, was es braucht, um sagen zu können, es war ein gutes Leben. Und in meinem Kopf macht sich eine neue Ordnung breit.

Oft liege ich einfach neben ihm, wo immer er gerade liegt, wenn die Kraft ausgegangen ist. Ich liebe es, sein warmes Händchen zu halten und seine geliebte Musik mitzuhören. Er hat sich die CD mit Kirchenliedern von Andrew Bond gewünscht und ist total glücklich. Mit größter Konzentration hört er sich die Texte an, und »Himmelwiit« wird eines seiner Lieblingslieder. »Uf de Wält sind d Unterschiid so himmelwiit, eim gahts guet, und eim gahts schlächt, viles isch ungerächt... Gott im Himmel macht debii kei Unterschiid ... für ali gilt sin Säge immer himmelwiit.« Ein unvergesslicher Moment, als er diese CD in den Player legt, um dann plötzlich zu fragen: »Meme, glaubsch du a Gott?« Mit der größten Selbstverständlichkeit und Leichtigkeit sage ich: »Ja, mein Schatz, ich glaube an diesen Gott, den du gefunden hast. Wie könnte ich an ihm zweifeln, wenn du doch mit ihm redest und er dir antwortet.« Till schweigt. Vielleicht, weil er mehr weiß als ich, vielleicht, weil er gehen muss und ich bleiben darf, vielleicht auch nur, weil er mich nicht traurig sehen möchte. Die Frage quält mich, wie das sein wird, wenn wir ihn fliegen lassen müssen. Von uns wird eine Tapferkeit verlangt, die jedes Vorstellungsvermögen sprengt.

Abends lese ich, was Kerstin geschrieben hat: »Plötzlich fragt der Kleine mich, was er machen solle, wenn er mich einmal nicht mehr habe und ich gestorben sei. Till will wissen, ob ich wirklich erst sterben werde, wenn ich schon ein bisschen alt sei. Er klärt ab, ob ich auch daran glaube, dass man wieder zurückkommen könne. Am meisten interessiert ihn, ob jeder Mensch an das glauben dürfe, was ihm am besten gefalle. Till möchte nicht im Himmel oben bleiben, weder ein Stern noch ein Schutzengel werden. Nein, am liebsten möchte er wieder an den gleichen Platz zurückkehren, so wie die Inuits glauben, dass die Seele zurückkehrt in den gleichen Familienverband. Ich versuche immer ganz fest, ihm seine eigenen Bilder zu lassen. Die Bilder, mit denen er am besten leben kann, die ihm keine Angst machen und ihn beruhigen. Kleinmann sagt, er möchte sofort wieder auf die Erde zurückkehren, und zwar wieder als Till. Auf keinen Fall möchte er oben bleiben. Müsste er abwechslungsweise als Tier wiederkommen, möchte er ein Äffchen sein. ›Aber nur, wenn wir alle als Äffchen wiederkommen‹, sagt er.«

So viel Hoffnung, so viel Urvertrauen in diesem kleinen Menschen. Da muss irgendeine Tür sein zu einer spirituellen Welt, die er gefunden und geöffnet hat. Voller Demut sind wir Großen, und da ist wieder dieses Glück im Unglück, das uns ganz fest hält. Eines Tages sagt Malin, sie müsse wohl einmal in eine Kirche gehen, um zu erfahren, wie sich das anfühle. Vielleicht, meint sie, gehe sie sogar in das freiwillige Schulfach Biblische Geschichte, um herauszufinden, ob ihr das guttue. Auch sie öffnet ein neues Türchen. Bisher war das alles nie ein Thema.

Wir glauben daran, dass wir alles, was auf uns zukommt, schaffen werden. Mit Kerstin, Simon und Malin als Kapitäne und unserer Helfer-Crew an der Seite wird weiterhin Unmögliches möglich sein. Wir wünschen uns innigst, dass das

Glück Till umarme bis zu seinem letzten Atemzug. Dass sein kleines, tapferes, begrenztes Leben voller Farben bleibe, bis er es ausatmet. Und das wird möglich sein, weil auf unserem Boot die Liebe wohnt, die uns diese Bärenstärke erst verleiht. Wir werden das überleben, weil wir einander lieben.

Die Zwerge tanzen auf Mamas und Papas Bett. Malin ruft: »De Papa isch lieb, und d Mama isch lieb. Mir hürated ali enand.« Dann packt sie ihren Bruder, küsst ihn und sagt: »Till, ich ha dich so lieb und würd für dich d Sune, de Mond und ali Sterne abehole.« Und dann passiert das Unerwartete: Der kleine Mann, der bisher mit Zärtlichkeiten gegenüber seiner Schwester sehr zurückhaltend war, umarmt und küsst sie auch. Endlich. Ihr Glück könnte größer nicht sein.

Eisbären auf weißem Schnee

Wenn Till im Spital liegt und die Schwere unseres Schicksals wieder alles andere in den Schatten stellt, dann steige ich abends traurig und erschöpft in den Zug und fahre nach Hause. Da ist keine Kraft mehr, und lautlos lasse ich die Tränen fließen an meinem Fensterplatz, den Kopf in meinen Mantel gekuschelt. Zugfahren beruhigt mich immer, ich lasse Landschaften vorbeiziehen und spüre mein Unterwegssein. Mit geschlossenen Augen nehme ich wahr, dass ich mich schwebend fortbewege und trotzdem festen Boden unter mir habe. Und aus irgendeinem Grund tut mir das gut. Manchmal, wenn mir dieses Leben unerträglich erscheint, setze ich mich kurzerhand in einen schnellen Zug, steige aus an einem Ort mit einem schönen Namen, um dort etwas Feines zu essen und dazu ein Bier oder ein Glas Weißwein zu trinken. Ich lerne, einfache Lösungen zu finden für schwierige Stunden. Wenn Züge zu Rettungsinseln werden.

Heute werde ich allein zu Hause sein. Wie jeden Abend muss ich mich mit meinem Schutzengel Sonja austauschen, um meine innere Ordnung für die Nacht zu finden. Und wie immer antwortet sie sofort. Sie bietet mir an, zu ihnen zu kommen, und schreibt mir, dass für mich immer ein Bett bezogen sei. Dieser Satz ist grad das schönste und hilfreichste

Geschenk, und ich packe ihn in mein Reisegepäck, um ihn nie mehr zu vergessen. Oft reicht es, zu wissen, dass ich eine Möglichkeit zum Handeln hätte. Das gibt dann die nötige Sicherheit, um bleiben zu können, wo ich bin.

Viele gute Geister sind da im Hintergrund, die mich halten. Liebe Freundinnen, Freunde, Bekannte und Verwandte flechten mir ein Netz. Ganz wichtig werden auch mein Cousin und seine Frau, auf die wir uns blind verlassen können. Ihre Fürsorge tut gut, und die Selbstverständlichkeit, mit dem sie unser Sturmleben teilen, ist beeindruckend. Wenn mein Cousin anruft, weil er, in den Ferien in Dänemark, in einem Schaufenster gerade ein Fußball-Pyjama sieht, das er Till sofort kaufen möchte, wird mein Herz ganz warm. Ebenso, wenn seine Frau oder sonst eine unserer guten Feen mit einem wunderbaren Essen kommt, um uns an einem ganz gewöhnlichen Tag einfach Zeit zu schenken und unendliche Anteilnahme. Unsere lieben Boatpeople mit all ihren Ideen und Herzensbotschaften, immer wieder schaffen sie es, dass es uns ganz warm wird. Und diese Wärme nährt uns. Wir sind dankbar, dass uns das Staunen nie verloren ging. Inmitten dieses erbitterten Kampfes um ein kleines Leben blieb uns diese Fähigkeit erhalten. Staunen heißt fühlen und sich spüren und nicht zu Stein werden. Die Dankbarkeit muss die Verbitterung besiegen.

Vor dem Einschlafen denke ich lange an Kerstins heutige Mail, in der sie schreibt: »Gestern, die Zwerge waren schon im Bett, stand plötzlich diese Frage im Raum: ›Wovor hast du Angst?‹ Till überlegte und meinte dann, er habe Angst, auf dem Pneu stehend zu schaukeln oder auf dem Rad den schmalen Weg den Weiher entlangzufahren. Auf meine erstaunte Frage, ob ihm im Spital denn nichts Angst mache, sagte er nach langem Nachdenken, einmal habe er ein bisschen Angst gehabt, als man ihm die Infusion in den Handrücken legte.« Wie oft nimmt uns Großen doch diese Panik fast den Atem, und wie unsagbar froh sind wir, dass es Kerstin und Simon immer wieder gelingt, die Kinder vor der Angst zu beschützen.

Till, schon wieder längere Zeit zu Hause, wünscht sich, dass in diesem Jahr seine vierundzwanzig Adventspäckli direkt neben dem Bett stehen. Immer bescheiden und vernünftig, würde er niemals eines zu viel öffnen. Auch jetzt nicht. Auf ihn ist hundert Prozent Verlass. Nie erlebe ich, dass er irgendeinen Vorteil aus seiner Krankheit zieht. Malin sorgt sich, ob der Nikolaus wohl wisse, dass Till dieses Jahr einen ganz speziellen Sack bekommen müsse, weil er das Übliche doch nicht mehr essen könne. Natürlich klappt das, und die beiden staunen über seine fantasievollen Klaussäcke. Malin sagt: »Es stimmt also doch, dass er ales gseht und ales weiss.« Sie sind glücklich, und ihr Lachen steckt an. In der Zeitung lese ich, dass Picasso sagte: »Es gibt Leute, die aus der Sonne einen gelben Flecken machen können, und dann gibt es Leute, die aus einem gelben Fleck die Sonne machen können.« Und ich bin glücklich, Teil einer Familie zu sein, die das schafft. »Pack en Sunestrahl«, Andrew Bonds Lied, tausendundeinmal gehört. Wir tun es immer wieder aufs Neue, packen ihn voll Dankbarkeit, den Sonnenstrahl, werden zu Weltmeistern im Sonnenstrahlpacken.

Alle sind wir froh, dass Till nie eine Bluttransfusion braucht, weil seine Blutwerte immer relativ gut bleiben. Wir glauben, dass die alternativmedizinische Behandlung ihren Teil dazu beiträgt. Seine Mama sagt, dass sein Blut so stark sei wie Herkules, Tarzan und die stärksten Dinos zusammen.

Er mag diesen Vergleich und strahlt jedes Mal. Und dann wünscht er sich, einmal Mama zum Blutspenden begleiten zu dürfen, um zu sehen, wie so etwas abläuft. Gern erfüllt sie ihm diesen Wunsch, und wir gehen alle zusammen hin. Er schaut sich alles sehr interessiert an, ist zufrieden und stellt viele kluge Fragen. Auf seinem Kopf wächst seit ein paar Wochen wieder zarter Flaum. Er schaut sich im Spiegel genau an und sorgt sich, weil er unbedingt wieder genau die gleiche Haarfarbe haben will wie vor dem Krebs. Das ist ihm gerade ganz wichtig. Abends schläft er jetzt oft lang nicht ein und sagt immer wieder: »Schlaf guet, liebi Mamelina, schlaf guet, liebe Papelino«, hält sein geliebtes Bärli in der einen Hand und Mamas Hand in der anderen.

Es ist eine Zeit, in der wir Großen wieder klein dosierte Hoffnung zulassen. Abends erzählt Kerstin den Kindern von all den Menschen, die Kerzen anzünden und Gebete zum Himmel schicken, damit Till wieder ganz gesund wird. Unsere beiden freuen sich, zu dieser wunderbaren Gemeinschaft zu gehören. Da sind all jene, die so vieles tun, um schwierige Tage zu erhellen und dunkle Gedanken zu verjagen. Und immer werde ich mit einbezogen. Ich bekomme eine energiespendende Reiki-Behandlung geschenkt, Fußreflexzonenmassagen, viele liebevolle Mails und jede Menge Umarmungen. Wie reich ich doch bin. Kerstin sagt, dass Till seit einigen Tagen, wenn er nachts aufwacht, fragt: »Gäll, ihr beschützed mich, gäll, ihr beschützed mich, so fescht ihr chönnd?« Dann muss sie ihm sagen: »Ja, kleiner Mann, darauf kannst du dich verlassen.« Erst dann schläft er wieder ein an ihrer Hand. Zu wissen, dass immer jemand da ist, wenn sie Hilfe brauchen, trägt dazu bei, dass die Kinder ruhig bleiben, sich aufgehoben und sicher fühlen. Ihr Urvertrauen in die Menschen ist ungebrochen. Kerstin meldet Till bei Facebook an, und sein erster Eintrag ist: »Kann plötzlich wieder so schön schreiben, und ich schaue Kochbücher an und suche feine Desserts.«

Manchmal fragt Till leise, ob diese Therapie, die die Krebszellen endgültig zerstören soll, Ende Jahr wirklich vorbei sei. Da kommt sie wieder, diese Schmerzwelle, überflutet und schüttelt mich. Ich möchte doch nur eines: meinem Kind und dem Kind meines Kindes mit sicherer Stimme sagen können, dass alles vorbei und wieder gut sein wird. Mein Schmerz ist schwer wie hundert Elefanten und immer dreifach. Weil ich mein Leid, das meiner Tochter und das meines Enkels mittrage. Tills Ernährung bleibt ein Dauerthema. Mama pröbelt. Das Erbrechen dauert an. Manchmal fragt die kleine Stimme, ob das denn nie mehr aufhöre. Oft übernachte ich im Blauen Haus, und wenn ich nachts erwache, höre ich, wie er unten in seinem Zimmer würgt. Dann fühle ich mich von allen schützenden Mächten verlassen. Lange Zeit kann ich keine Kirche mehr betreten, um eine Kerze anzuzünden, wie ich es nach Malins Krankheit tat. Weil ich uns verraten fühle und fallen gelassen. So drücke ich meinen Kopf in die Kissen und weine, allein und überfordert. Und ich warte auf den Morgen und den zerbrechlichen, allerliebsten kleinen Mann im Pyjama, der dann, so gut und so rasch es geht, die Treppe hinaufklettert und schon von weitem dieses wunderbare Wort »Meme« ruft. Liegen wir dann Hand in Hand vor dem Fernseher und sehen das Morgenprogramm des Kinderkanals, wird unsere gemeinsame kleine Welt wieder gut. Dann fließen wieder Kraft und Ruhe zwischen uns beiden, und ich kann den Zug nehmen nach Zürich zur Arbeit.

Am 19. Dezember 2007 feiern wir Tills achten Geburtstag, und gute Feen füllen den Tag mit Überraschungen. Er strahlt und ist glücklich. Seine Schwester hat ihm ein Kissen genäht, weil sie findet, es müsse nun etwas Besonderes sein und sicher nichts Gekauftes. Ganz stolz sind die zwei aufeinander, und wir feiern ausgelassen und froh. Till hat sich so gewünscht, dass es den ganzen Tag über immer wieder klingeln möge an der Tür. Und so ist es auch. Viele liebe Menschen kommen, um ihn zu drücken, und die gemeinsame Freude entschädigt uns für alles Schwere. Einen Tag zuvor hat Nils' Frau Marielle den zauberhaften Ile zur Welt gebracht. Wir wissen noch nicht, dass der kleine Cousin Tills letzter und liebster Freund werden wird. Kerstin schreibt uns: »Den Blick immer wieder auf das richten, was gut und schön ist bei uns. Das ist der Weg, und anders geht es nicht. Anders würden wir verzweifeln, und anders wäre es zu viel. An jedem Tag müssen wir helle Punkte finden, denn sie sind unser Benzin und Balsam. Man findet sie immer, wenn man sie erkennt und wertschätzt.«

Till will noch ausgiebiger Weihnachten feiern als sonst. Er geht mit Mama und Malin Weihnachtsschmuck kaufen, sucht aus und füllt seinen Einkaufskorb. Am Schluss ist so viel Schönes da, dass Papa einen Riesenbaum holen muss, damit alles Platz findet. Die Kinder lieben es, gemeinsam den Baum zu schmücken. Und dann will Till bei Kerzenlicht um die bunte Tanne tanzen, mit all seinen Freunden, zu Pepes Handorgelklängen und unserem Gesang. Alle bekommen Tills und Malins selbst gemachtes Liederbuch mit Texten und Zeichnungen. Und wir singen aus ganzem Herzen, mit ihm und für ihn, manchmal mit Tränen in den Augen. Weihnachten hat seine Unschuld verloren. Und trotzdem oder erst recht wird der Tisch, der so lang ist wie der ganze Raum, dekoriert wie in einem Wintermärchen von Hans Christian Andersen. Weiße Tischtücher und weiße Laternen, Eisbären auf weißem Schnee. Kerstin findet, wenn wir schon feiern, dann sollten wir auch eine Art Krippe sein für diejenigen Engel an Bord unseres Bootes, die sonst nicht feiern würden oder allein wären. Und so bringen die vielen Gäste den Apéro mit, Simon serviert gefüllten Truthahn, und Heiri öffnet unseren besten Wein. Wir feiern zusammen, und die tröstliche Nähe zu wunderbaren Menschen öffnet uns das Türchen Nummer 25 zum Weihnachtsglück. Till ist so fröhlich und sagt, dass er die besten Freunde der Welt hat. Unser kostbarstes Weihnachtsgeschenk ist, dass er nicht fallen und alleingelassen wird von seinen Freunden. Dass sie ihn so gern-, wirklich gernhaben, obwohl er ganz vieles nicht mehr kann. Und weich fällt der Schnee. Auch dieses Jahr.

Ruhig bleiben wie ein Buddha

März 2008. Endlich werden die vier bekommen, was sie so dringend brauchen. In der Rehabilitationsklinik Katharinenhöhe im Schwarzwald ist alles für Familien wie sie eingerichtet. In Deutschland gibt es Projekte, von denen wir in der Schweiz nur träumen können, und wir staunen, dass dort längst klar ist: Nicht nur das kranke Kind, sondern auch dessen Eltern und Geschwister brauchen Hilfe, denn die ganze Familie ist oft jahrelang unbeschreiblichen Belastungen und Ängsten ausgesetzt. Auf der Katharinenhöhe arbeiten außerordentlich kompetente Therapeutenteams eng vernetzt und lösungsorientiert mit jedem einzelnen Familienmitglied. Der Ansatz ist ganzheitlich, es geht um die Wiederherstellung des physischen und des psychischen Wohls. Dank der Vereinigung zur Unterstützung krebskranker Kinder Zürich sind Till und seine Liebsten nun vier Wochen lang bestens aufgehoben hier, in den lichten, modernen Gebäuden inmitten des magischen Schwarzwalds. Die Kleinen und die Großen sind erschöpft und freuen sich sehr auf die kurzweilige Auszeit. In ihrer hübschen kleinen Ferienwohnung fühlen sie sich sofort zu Hause. Für jeden gibt es viele wohltuende Angebote und Therapien. Malin ist glücklich, andere betroffene Geschwister kennen zu lernen, und ist den ganzen Tag mit ihnen unterwegs. Wir kommen für ein Wochenende zu Besuch, bringen meinen Sohn Nils samt Familie und Schwiegereltern mit, die ich alle in ein schönes Hotel einlade.

Till und Malin erwarten uns bereits unten an der Weggabelung und freuen sich mächtig darauf, uns durch die Anlage zu führen. Kleinmann ist sehr schwach im Rollstuhl, aber ganz zufrieden. Wenn wir ihm seinen kleinen Cousin Ile auf die Knie setzen, hält er ihn ganz fest umschlungen, legt den Kopf auf Iles Schultern, und dann geht diese ganz besondere Sonne auf. Und wieder packe ich eines dieser Bilder ein, die sich einbrennen in mein Herz, für immer und ewig. Unendlich beeindruckt und berührt von all dem Guten, Wertschätzenden und Heilsamen auf der Katharinenhöhe, fahren wir heim. Einen Monat lang wissen wir sie nun bestens aufgehoben und befreit vom ganzen Alltagskram. Das ist auch für uns Großeltern entlastend und kostbar. Wir bekommen Zeit und Raum zum Durchatmen.

Drei Monate später kommt Kerstin endlich wieder einmal mit den Zwergen zu uns nach Netstal. Schon so lange wagte sie es nicht mehr, mit Till zu verreisen, weil er zu schwach war für einen Ortswechsel. Wir vermissen sie sehr, diese Herzensbesuche, denn die Kleinen waren früher regelmäßig bei uns. Till liebte diese Ausflüge, unsere ganze Umgebung, das Gelbe Haus, den kleinen Bach daneben und die Besuche bei seinen Glarner Verwandten und Freunden. Glück war für ihn, mit dem Dreirad alle Dorfbrunnen aufzusuchen und aus jeder Röhre einen Schluck Wasser zu trinken. Jedes Mal sagte er begeistert: »So es feins Wässerli!«, und teilte die Meinung seines Onkels Nils, dass es in Netstal das beste Wasser der Welt gebe. Till schlief immer auf einer Matratze neben meinem Bett, und das Größte war, am Samstagabend gemeinsam irgendeine TV-Show anzusehen. Sein Favorit war der »Musikantenstadl«, auf dessen Geschmack ihn seine welsche Urgroßmutter gebracht hatte, die ja bis zu seinem dritten Lebensjahr bei uns wohnte. »Chumm, Meme, mir gönd ufe«, pflegte er freudig zu sagen und nahm mich bei der Hand. Und dann saß er neben mir im Bett und kommentierte, was er da alles sah und hörte. Wie viel haben wir zusammen gelacht. Unvergesslich, die liebevollen Sonntagmorgen, wenn irgendwann der dunkle Haarschopf hochkam, ein strahlender Till zu plaudern anfing und voller Ideen sich dem neuen Tag zuwandte. Jetzt ist alles anders. Im Gelben Haus schläft Till einen Stock unter uns, im Gästezimmer zwischen Mama und Malin. Nur dort fühlt er sich ganz sicher. Immer wieder heißt es loslassen, und immer wieder fällt mir das aufs Neue schwer.

Jeder Ausflug wird zu einer Expedition. Till sitzt im Buggy. Da sind all die schweren Taschen mit dem Sondomaten, den Nahrungsbeuteln und allen Medikamenten. Wie ich Kerstin bewundere, die das sogar mit Bus und Bahn schafft. Wir gehen zusammen in Glarus einkaufen. Ich wünsche es mir und ihr so, dass sie ihr schroff unterbrochenes Leben als junge, unbeschwerte, lebensfrohe Frau wieder zurückbekommt. Und ich freue mich ohne Ende, wenn ich sie dazu überreden kann, sich etwas Neues, Hübsches, Leichtes zum Anziehen zu kaufen. Wenn sie dann vor mir steht, so chic und schön, in ihrer ganzen Zerbrechlichkeit und Trauer, wird mein Herz für Minuten bleischwer. Eine Verkäuferin sagt zu Till, dass so ein großer Bub doch nicht mehr im Wägeli sitzen sollte. Wir sind so perplex, dass wir schweigen. Aber sie hört nicht auf, unpassende Sprüche zu machen, und dann sage ich ihr, dass er einen Hirntumor hat. Sie findet das ganz schrecklich, hat aber keinerlei Einfühlungsvermögen. Wir wenden wütend und verlassen den Laden, in den Kerstin nie mehr zurückkehren wird.

An einem Hochsommertag im August ist in Glarus ein großes Fest. Kerstin hat sich mit den Kindern auf den Weg gemacht zu uns. Unbedingt wollen die Kinder jetzt dorthin. Aber Kerstin fürchtet, dass Malin eine Blasenentzündung hat. Ich rufe beim Notfallarzt an und fahre die drei schnell dorthin. Weil die Gefahr eines Infekts in der Praxis zu groß ist, warte ich mit Till im Auto. Es dauert lang, bis die beiden wieder erscheinen, und ich habe ein mulmiges Gefühl. Kerstin sagt, dass wir sofort nach Zürich ins Kinderspital fahren müssten, weil der Arzt Diabetes vermute. Ich kann kaum mehr stehen vor Angst, geschweige denn ein Auto steuern, halte mich am Gartenzaun fest. Irgendjemand muss uns nach Zürich bringen, aber keiner ist erreichbar. Schließlich holt eine Freundin Heiri aus der Chorprobe. Annik, die Tochter meines Bruders, begleitet uns. Statt auf den Jahrmarkt fahren wir nun ins Spital. Im Auto redet niemand. Immer wieder macht uns dieses Leben einfach stumm. Annik und ich halten uns an der Hand, und ich bin so dankbar, dass sie da ist und diesen irren Tag mit uns teilt. Auch das wird mir wohl für immer im Kopf bleiben. Plötzlich wird wenig zu viel, Banales zur Überlebenshilfe.

Im Kinderspital muss Till wegen der Ansteckungsgefahr sofort auf die steril gehaltene Onkologie, Malin in den Notfall. Wir teilen uns auf und warten, umklammert von der Furcht vor einer weiteren schlimmen Diagnose, auf Malins Untersuchungsergebnis. Ich versuche, mir vorzustellen, wie wir das mit dem Diabetes auch noch hinbekommen könnten. Unser jetzt schon beschwerlicher Alltag würde noch komplizierter. Nein, da ist nicht mehr genügend freier Raum in mir, um dieses Szenario in konkreten Bildern auszumalen. Alles ist schon vollgestopft mit Angst und Sorge. Irgendwann kommt die Entwarnung. Kein Diabetes. Vielleicht war es Stress, vielleicht Malins Angst. Nicht alles kann ein- und zugeordnet werden von der Schulmedizin. Am nächsten Tag steht noch eine Untersuchung an, dann packen wir die Kinder wieder ins Auto und fahren nach Dielsdorf, wollen nur noch eines: raschstmöglich auf und davon ins Blaue Haus. Wir sind aufgewühlt und erschöpft, das Boot schwankt gefährlich.

Abends schreibt Kerstin in ihrer Mail, dass sie ihr neustes Kochbuch anschaut, das sie sich als Belohnung für diesen bleischweren Tag gekauft hat. Und wie gut es ihr tut, darin zu lesen. Ihre Kochbücher sind Symbole für bessere Zeiten, die ja irgendwann kommen müssen, und bis dann stehen sie einfach im Regal und trösten. Und tief berührt lese ich: »Es gibt nur einen Weg an Tagen wie diesen: so ruhig zu bleiben wie ein Buddha. Nur wenn das uns Großen gelingt, bleiben es die Kleinen auch. Und nur dann wird kaum Machbares möglich, und alle finden wir unsere Mitte wieder. Simon und ich sind einfach unendlich dankbar, dass wir es immer noch schaffen, unseren Energiepegel so hoch zu halten, dass wir über Wasser bleiben.«

Auf Papa Molls Spuren

Wir wagen es im Oktober 2008 noch einmal, mit den beiden Kleinen Ferien zu machen. Diesmal getrauen wir uns allerdings nicht mehr, bis nach Österreich zu fahren wie die Jahre zuvor. Wir wollen in der Schweiz bleiben, weil der Respekt vor dem Krebs zu groß ist. Sollte sich Tills Zustand verschlechtern, möchten wir nicht in ein ausländisches Spital müssen. Eines von Tills liebsten Büchern ist »Papa Moll auf Schweizer Reise«. Wir schauen es uns immer wieder an und entscheiden uns für ein Hotel im Tessin. Tills ganze medizinische Ausrüstung kommt mit, und auch seinen Rollstuhl packen wir ein, obwohl Till, wann immer es geht, lieber selbst läuft. Auf unserer Reise ins Tessin besuchen wir wie Papa Moll das Telldenkmal in Altdorf. Till und Malin wollen unbedingt neben Wilhelm Tell fotografiert werden. Da stehen drei Helden nebeneinander, der aus der Sage und die beiden aus dem realen Leben. Ich schließe meine Augen, während mich mein Liebster fest in seinen Armen hält, und ich sammle alle Kräfte, die ich gerade finde, um stark zu bleiben.

Im Tessin scheint die Sonne, und das Hotel liegt direkt am See. Wir richten uns ein, und die Kinder packen plaudernd ihre Koffer aus. Was wir wissen, ist, dass wir das Beste machen werden aus jedem Tag. So selbständig wie möglich will Till bleiben. Er holt sein Essen selbst vom Buffet und wackelt damit zum Tisch zurück. Manchmal verschüttet er etwas, aber wir erwarten, dass die Menschen um uns herum das hinnehmen, wir sind ja schließlich in einem Kinderhotel. Was sie Gott sei Dank auch tun, allen scheint klar zu sein, dass dieses Kind Krebs hat, und wir nutzen die kleinen Guthaben an Freiräumen, die dadurch entstehen. Weil wir ein Recht wenigstens darauf haben. Es hilft, selbstbewusst zu bleiben und sich nicht kleinzumachen und zu verstecken. Aber es tut unsagbar weh, Till so geschwächt zu sehen. Ich werde mich nie daran gewöhnen. Und doch lachen wir so viel. Die Kinder sagen, dass es an keinem Tisch so lustig zu- und hergehe wie bei uns. Die Leute schauen, und ich bin mir sicher, dass sie sich freuen. Jeden Tag drehen wir dem Krebs eine lange Nase. Niemals soll es ihm gelingen, alles, was uns so kostbar ist, zu zerstören.

Einmal fahren wir nach Melide zur Swissminiatur, auch eine Station auf Papa Molls Reise. Till hält freudig den Plan in der Hand, und wir müssen bei jedem Objekt anhalten und seine Fragen beantworten. Pepe macht das mit einer Riesengeduld, denn Till kann sehr beharrlich und ausdauernd sein. Er akzeptiert es nicht, wenn man, wie ich, einfach weitergeht, ohne nicht auch noch die letzte Information zu den Ausstellungsobjekten gelesen zu haben. Und eigentlich hat er ja recht.

Am Abend ist Till glücklich, aber er hat jetzt immer diese diffuse Angst, keinen Schlaf zu finden. Ich erinnere mich an Doris, die Mütterberaterin, der ich ab und zu im Zug begegne und die in schwierigen Momenten die Füße der Kinder hält, um sie wieder zu erden. Genau das mache ich jetzt auch. Wenn ich Tills Füße umfasse, wird er ruhig und schläft irgendwann sanft ein.

An einem Tag besuchen wir die Schokoladenfabrik Alprose in Caslano. Unterwegs singt Polo Hofer im Radio sein »Alperose«-Lied, und die Kinder kugeln sich vor Lachen in ihren Autositzen. Dass gerade jetzt dieses Lied gespielt werde, könne doch kein Zufall sein, meint Till und strahlt. Und dann lassen sich die beiden ein auf diese Alprosen-Schokoladenwelt mit ihren Düften und Aromen, probieren, wählen aus und kaufen noch je eine Tafel für Mama und Papa. Im Restaurant nimmt Pepe aus Jux eine Hunderternote zwischen die Zähne, und die beiden finden das so lustig, dass sie wieder den ganzen Heimweg über lachen. Ich halte Heiris Hand, voller Dankbarkeit für dieses gelebte Glück. Wenn wir zusammen Auto fahren, singen wir immer. Kerstin hat uns CDs gebrannt mit den Lieblingsliedern der Kinder. Wir Großen kennen sie inzwischen auch, und wenn wir mitsingen, ist alles gut. Für uns vier. Rolf Zuckowski singt: »Das Leben ist wie eine Achterbahn.« Wie wahr!

Wenn jeder Tag ein geschenkter Tag wird, verschiebt sich alles. Auch die Wahrnehmung. Sieben geschenkte Tage reihen sich wie Perlen aneinander, und keine Sekunde lässt uns das Glück aus den Augen. Auf der Heimfahrt bin ich traurig. Ich spüre, dass das unsere letzten Ferien zu viert waren. Und ich bin nicht imstande, irgendeine Logik in dem zu erkennen, was uns da zustößt. Ich verstehe weder den Himmel noch die Erde.

Der Dunkelheit keine Chance geben

Die Angst, dass Kerstin oder Simon ausfallen könnten, holt mich immer wieder ein. Ich klammere mich an die verzweifelte Hoffnung, dass das Leben sich erbarmt und uns nicht noch mehr zumutet. Till muss noch immer wegen Untersuchungen und kleinerer Komplikationen ins Kinderspital. Die Kinder gehen gern dorthin, der schüchterne Till blüht sogar richtig auf. Seine scheue Zurückhaltung lässt er vor dem Spitaleingang einfach zurück, was uns immer wieder zum Staunen und Schmunzeln bringt. Nach jedem Eintritt will er sofort den Dienstplan lesen, und er hat all die Menschen auf »seiner« Station längst ins Herz geschlossen. Natürlich gibts da Favoritinnen, auf die er sich ganz besonders freut und denen er manchmal ganz zart übers Haar streicht. Oder er zieht sie zu sich herunter, um liebevoll ihr Namensschild vorzulesen.

Meistens ist er ein geduldiger, gefasster Patient, er kann sich aber auch sehr selbstbewusst für oder gegen etwas entscheiden. Unter der Haut auf der Brust wurde ihm ein Port in eine Vene implantiert, sodass nicht jedes Mal eine neue gesucht werden muss. Wenn dann für eine Untersuchung die zarte Haut durchstochen werden muss, besteht er darauf, dass Schwester Christa das macht. In sie hat er vollstes Vertrauen.

Und sie ist magisch, diese wunderbare Pflegerin. Sie schafft es, dass schwer kranke Kinder diesen Raum, wo Diagnosen Visionen zerbrechen lassen wie Streichhölzer, mit Lachen erfüllen. Wird Till dagegen gefragt, ob die Studenten in sein Zimmer kommen dürfen, dann sagt er meistens Nein. Einmal hatte einer von ihnen gesagt, etwas stimme nicht mit seinem Herzen. Till war außer sich, weinte und protestierte. Das Herz nicht auch noch, das sei ganz bestimmt gesund, schimpfte er verzweifelt, als er zum Herzecho musste. Tatsächlich war dann alles bestens, nur ein kleiner Mann war zutiefst verärgert und zog seine Konsequenzen bezüglich Studenten.

Wenn Unerwartetes passiert, kann er in Panik geraten. Es ist existenziell für ihn, dass er im Voraus alle Untersuchungsabläufe kennt. Dann bleibt er ruhig. Einmal läuft etwas nicht optimal bei einer Magenuntersuchung. Till weint wie selten und ist außer sich, als er ins Zimmer zurückkommt. Mama erklärt ihm ganz liebevoll, dass sie sich beschweren wird und dass man, wenn etwas schieflaufe, das nicht einfach hinnehmen müsse. Schnell beruhigt er sich wieder. Ein andermal gerät er mit drei Fingern in die Speichen seines Ferraris. Auch was harmlos aussieht, muss sofort in den Notfall. Till schreit, wehrt sich mit allen Kräften und will zu Hause bleiben. Die Notfallabteilung macht ihm Angst. Wie weh das tut, ihn zwingen zu müssen, ins Auto zu steigen. In der Patientenaufnahme müssen wir warten, was für Kerstin ein riesiger Stress ist, weil sie Angst hat, dass Till sich einen Infekt einfangen könnte. Seine Finger müssen geröngtgt werden, und er ist untröstlich. Alles, was über den Krebs hinausgeht, wird sofort zu viel für ihn. Wie gut wir ihn verstehen, und wie schwer sie wiegt, unsere Hilflosigkeit. Nach ein paar anstrengenden Stunden packen wir ihn wieder ins Auto und fahren erleichtert heim. Alle sind wir total erschöpft.

Einmal mehr bin ich ungemein stolz auf meine Tochter, die mit ihrer Stärke Inseln schafft für uns alle. Ruhig redet sie auf die Kinder ein, die sich sofort wieder erden. Sie liest ihnen vor. Das lieben sie so sehr. Dann werden auch sie ganz ruhig und hören konzentriert zu. Mit Mama und Papa sind sie in Sicherheit, egal, wie der Tag verläuft und wie stark das Boot schwankt.

Was für ein Glück, dass die zwei Großen so gut kooperieren. Sie sind Meister im Lösungenfinden und sich einig über den Weg. Simon und Kerstin lehren uns, wie man Stürme überlebt. Die vier schlafen nun zusammen im Familienbett. Till ist meistens als Erster müde; geht Malin dann schlafen, legt sie sich erst noch eine Weile vor dem Zimmer auf eine Matratze. So kann sie die Eltern reden hören und außerdem alle Lampen anknipsen, damit die Dunkelheit keine Chance hat. Irgendwann schlüpft aber auch sie ins große Bett, von dem Till sagt, dass er sich nur noch dort ganz sicher und gut fühle.

Abends, zu Hause, lese ich berührt Kerstins Mail: »Till fragt mich, ob er irgendwann ausziehen müsse, ob jedes Kind seine Eltern irgendwann verlasse. Ich antworte, wenn er nicht wolle, müsse er nicht gehen, aber vielleicht sei das ja eines Tages auch sein Wunsch. Er solle sich keine Sorgen darüber machen, denn er könne im Blauen Haus bleiben, so lange er wolle. Till meint, da sei noch ein Problem, dann könne er ja keine Frau haben. Ich lache und sage ihm, dass wir dann einfach noch ein Zimmer anbauen für die Frau. Zufrieden schläft er ein, mit Bärli ganz fest im Arm.«

Till hat sich einen Globus gekauft und lernt. Er weiß so vieles über die ganze Welt, und seine geografischen Kenntnisse sind beeindruckend. Er kennt alle Länder, Hauptstädte und Flaggen der Welt. Neben dem großen Tisch im Blauen Haus hängt das wunderschöne Bild »Tills Welt«, auf dem der Kleine mit blauer Farbe die Umrisse der Kontinente gemalt hat. Es berührt die Herzen der Menschen. Alle staunen über das große Wissen dieses kleinen Mannes, dessen Lesehunger unstillbar ist. Wir sind so froh, dass er sich so die Zeit vertreiben kann, denn zur Schule kann er nur noch sporadisch gehen, weil er zu schwach ist. Er beklagt sich nicht, dass er so viel liegen muss, und macht einfach das Beste aus seinem Tag. Wie gern hat er Fußball gespielt, aber nie höre ich ihn hadern, weil der Krebs ihm so viele Kindervisionen gestohlen hat. Statt draußen mitzuspielen, sitzt oder liegt er jetzt stundenlang am Boden und schaut durch die großen Glasscheiben seinen Freunden zu, wie sie Fußball spielen und auf dem Trampolin herumspringen. Mit und für Till habe ich begonnen, mich für Fußball zu interessieren. Ich lerne immer neue Namen und Fachausdrücke, was ihn amüsiert und freut. Mit Till einen Match im Fernsehen anschauen heißt viel Spaß haben. Seine Kommentare bringen uns immer wieder zum Lachen.

Wenn nichts mehr geht, bleiben die Töne. Musik ist Hoffnung, Musik ist Trost. Mit seinem grünen iPod fliegt Till in eine andere, unbeschwerte Welt. So viel Friede in und um uns, wenn wir im Blauen Haus auf seinem Bett liegen und uns einen Kopfhörer teilen. Und wieder zeigt Kerstin, was man alles erreichen kann, wenn man es nur anpackt. Sie tritt mit Tills Lieblingssängern in Kontakt, erzählt ihnen in ihrer geradlinigen, offenen und berührenden Art von Till und wie viel ihre Lieder ihm und uns allen bedeuten. Und das Unglaubliche geschieht: Ausnahmslos alle antworten und schicken ein berührendes Echo an das Krankenlager. Till ist überglücklich und strahlt noch mehr, als Andrew Bond, Linard Bardill und Bruno Hächler ihn überraschen. Er darf mit Malin und uns beiden an Linard Bardills Konzert im Volkshaus Zürich in der ersten Reihe sitzen und bekommt sogar noch die neueste CD von ihm in die Hand gedrückt. Stolz ohne Ende sitzt er da, unser kleiner zarter Mann, und singt leise mit. Heiri und ich halten uns ganz fest an der Hand und können Tränen der Rührung nicht zurückhalten. Es überrollt uns dieses Unfassbare wieder mit ganzer Gewalt, dass wir ihn vielleicht verlieren werden. Die anderen beiden Liedermacher kommen sogar extra wegen Till nach Dielsdorf. Es gibt ein Konzert im Bistro nebenan für ihn und Malin und seine treuen Weggefährten. Und einer macht sogar, was er niemals sonst tun würde: Er gibt dem schwer kranken Kind ein kleines Privatkonzert zu Hause, und nur seine liebsten Freunde dürfen mit dabei sein. Einfach so! Till genießt diesen VIP-Zustand in vollen Zügen. Es tut ihm so gut, wieder einmal etwas ganz Besonderes zu sein, in einer Situation, in der das doch eigentlich gar nicht möglich ist.

Nachts liege ich oft stundenlang wach. Da ist dieses Gefühl, als ob die Zeiger irgendeiner Uhr sich immer schneller drehten. Dann lese ich wieder und wieder Kerstins Mails. Heute schrieb sie uns: »Till seufzt ganz laut, während er im Bett liegt. Dann sagt er mehrmals: ›Mama, mis Herz isch jetz wider viel liechter.‹« Ach, wenn das nur so bliebe.

Diese aberwitzige kleine Hoffnung

Im November 2008 steht wieder eine der alle drei Monate fälligen MRT-Untersuchungen an, bisher waren sie immer ohne Befund. Wir sind deshalb ziemlich optimistisch, zumal es Till trotz all seinen Defiziten gerade relativ gut geht und erst kürzlich auch festgestellt wurde, dass sich keine Tumorzellen in der Hirnflüssigkeit finden. Wir wagen ganz mutig ein Aufatmen. Da hat sich diese aberwitzige kleine Hoffnung eingenistet, dass es auch für Till ein Wunder geben könnte, wie wir es bei Malin erlebt haben. Warum denn nicht zwei Wunder!, sage ich mir fortwährend. Wir hören Andrew Bond singen: »Was du dir uu fescht wünschisch und du uu fantasiersch, cha mit uu Glück passiere, wenn du uu fescht probiersch.« Wie, wenn das wirklich so wäre, im realen Leben? Wenn man sich etwas nur ganz fest wünschen müsste, damit es eintritt? In meinem Kopf drehen sich Kerstins Sätze, die heute schrieb: »Und immer wieder denke ich, wenn es so wäre, dass gute Energien, wie Liebe, Kraft, Mut und eine intakte Psyche, heilen könnten, dann wäre Till längst gesund und der Kampf gewonnen. Wären unsere und eure Kraft zusammen auf einer Waagschale und die Kraft des Tumors auf der andern, müsste das Gute zwangsläufig so viel mehr wiegen, dass das Böse keinerlei Chance mehr hätte. So müsste es sein, wenn es eine Logik gäbe und eine Gerechtigkeit. Aber die Realität ist eine ganz andere.« Ja, unsere Liebe kann Till vielleicht nicht heilen, aber sie kann unser kurzes gemeinsames Leben fluten mit einem Glück, dem viele ein ganzes Leben lang nicht begegnen. In dem begrenzten Glück liegt auch ein Schatz begraben. Einer, den niemand freiwillig suchen geht. Aber wer sich auf die Suche macht, kann ihn finden.

Kerstin und Malin begleiten Till zur MRT-Untersuchung ins Kinderspital. Da steht die Schwester wie immer neben ihrem Bruder, bis die Narkose wirkt. Nachher warten die beiden im Restaurant des Spitals auf den Bescheid. Malin wäre unter keinen Umständen zur Schule gegangen an diesem Tag, viel zu sehr ist ihr der Ernst der Lage bewusst. Sie erledigt ihre Hausaufgaben und hofft wie wir, dass sie alle drei bald wieder erleichtert ins Taxi steigen dürfen. Die Herzen zittern. Alle suchen wir in diesen extremen Momenten nach etwas, was uns hält. Professor Grotzer kommt. Er ist ernst und bringt keine guten Nachrichten. Der Krebs ist wieder da. Mehrere Tumoren wachsen in Tills Kopf.

Kerstin ruft mich bei der Arbeit an, und ich breche in Tränen aus, weil der letzte Funke Hoffnung innert Sekunden verlischt und das entsetzlich wehtut. Heiri kommt sofort nach Zürich und holt mich ab. Nils, Marielle, deren Mutter Trix und Sohn Ile fahren ebenfalls los. Und wieder schießt dieser heimtückische Tsunami aus seinem Versteck hervor und schleudert uns mit voller Wucht in eine einsame, dunkle Ecke. Betäubt vor Angst und Schmerz, bleibt uns nur wenig Zeit. Wir müssen uns aufrappeln, denn Till wird bald ins Zimmer zurückkommen. Alle sitzen wir an seinem Bett, als er aus der Narkose erwacht. Er freut sich so, dass sein kleiner Cousin Ile auch da ist. Einmal mehr schaffen wir es, ganz ruhig zu bleiben. Die Kleinen sind wie Seismografen, sie brechen innerlich zusammen, sobald sie spüren, dass wir Großen beben. Wir tragen die größte Verantwortung, die einem das Leben aufbürden kann, müssen zwei Kinderseelen schützen. Till fragt nach den Bildern, und Kerstin gelingt es einmal mehr, ihm ganz ruhig und emotionslos zu erklären, dass da wieder Krebsstückli im Kopf sind und er mit uns zusammen weiterkämpfen muss. Und sie wird auch diesen Satz so verpacken, als ginge es um etwas ganz Banales, obwohl das Leben einer Mutter kaum Brutaleres abverlangen kann, als ihrem Kind diesen einen Satz sagen zu müssen: »Der Krebs ist zurück.«

Und wieder bin ich verzweifelt, meiner Tochter nicht sagen zu können, dass alles gut wird. Das sind die Stunden, in denen ich mich nur noch betrogen fühle vom Leben. Und für eine Weile reicht die Kraft nicht mehr aus, um ein Licht am Ende des Tunnels zu sehen. Unser Kleiner aber schickt sich von neuem in die Realität und nimmt umgehend seinen Alltag der besonderen Art wieder auf.

Die Menschen um uns herum sind zutiefst erschüttert. Dieser Wunsch, größer als jeder andere, Till könne überleben, wird sich wohl nicht erfüllen. Und damit verpufft auch der Glaube an irgendeine Gerechtigkeit oder ein Wunder. Was uns jetzt noch bleibt, ist die knallharte Realität. Kerstin schreibt, dass sie heute Karten gekauft habe mit dem Spruch »Aus Stolpersteinen, die einem in den Weg gelegt werden, kann man Treppen zum Himmel bauen«. »Ihr«, schreibt sie, »seid der Himmel, den man, wenn man Glück hat wie wir, über Planet Onko spannen kann. Auf eurer Stolperstein-treppe schaffen wir es, über den reißenden Fluss und die endlos tiefe Schlucht zu täppeln, ohne zu fallen und zusammenzubrechen.«

Es ist Vorweihnachtszeit, und wir müssen uns einrichten auf diese neue Bedrohung. Da sind wieder unsere Boatpeople, die sich vor das riesige schwarze Loch stellen, das sich uns geöffnet hat. So vieles lassen sie sich wieder einfallen, um unsere Tage mit Wohltuendem auszufüllen und uns spüren zu lassen, dass wir nicht allein sind. Sie bringen Körbe voller Adventszauber einfach mit auf unser Boot, und ihre Fürsorge macht uns stark. Immer wieder steht etwas Feines und Stärkendes vor der Haustür, es schneit liebevolle Mails aus dem PC, und der Briefträger füllt täglich den Briefkasten mit Herzenspost von überall her.

Till wünscht sich von Meme und Pepe eine Kuckucksuhr. Wir nehmen ihn mit in den Souvenirshop am Zürcher Limmatquai, und er versinkt andächtig in den Anblick all dieser hölzernen, tickenden, kitschigen Wanduhren. Jede einzelne schaut er sich genau und sehr lange an. Sie unterscheiden sich in den Dekorationen und Sujets, und es fällt ihm schwer, eine auszuwählen. Wir sind allein in dem Laden, und die Verkäuferinnen schauen ihm berührt zu. Der Krebsbonus ist wieder da. Eine Stunde braucht Till, um sich zu entscheiden. Die Chefin sagt ihm, er dürfe sich noch etwas aussuchen, und er antwortet, er brauche aber nichts mehr. Sie ist erstaunt und meint, er solle doch nochmals schauen, und dann wählt unser Kleiner inmitten dieses Souvenir-Sesam-öffne-dich einen Bleistift mit Schweizer Wappen.

Auf der Rückfahrt nach Dielsdorf hören wir Andrew Bonds Lieder. »Wo isch Gott? Im Himmel. Wo isch das? Überall, wo Mänsche mitenand de Himmel suechet, wo

Mänsche Hand in Hand de Schwache lueged.« Till singt mit, drückt glücklich die Schachtel mit der Uhr an sich. Jemand hat eine Laterne vor dem Blauen Haus aufgehängt, und dieses Licht berührt ohne Ende. Nachbarn haben für uns Lasagne gekocht. Da ist wieder dieses ganz besondere kleine Glück, das uns ruhig macht und stark. Die Uhr bekommt den besten Platz im Haus, und der Ruf des Kuckucks tönt nun zu jeder Zeit durchs Blaue Haus. Wir freuen uns, Till diesen ganz besonderen Wunsch erfüllt zu haben. Mag sein, dass die Uhr ihn auch an unsere Ferien im Kinderhotel im Schwarzwald erinnert, wo überall diese Uhren hingen, die ihn so faszinierten, an eine unbeschwerte, glückliche Zeit. Nach Tills Flug wird die Uhr stillstehen. Weil eine Zeitrechnung mit seinem Tod zu Ende ging.

Kerstin und Simon brauchen Ruhe und Rückzug, um diese verheerende Diagnose verarbeiten zu können. Wie gut, dass sie auch jetzt so offen und klar kommunizieren und den Menschen sagen können, was hilfreich ist und gut. Es ist nötig, ihnen Gebrauchsanweisungen zu geben, um sie nicht zu verlieren. Nicht wissen, nicht verstehen oder falsch verstehen schafft Distanzen, die irgendwann kaum mehr zu überbrücken sind. Die meisten Leute haben keine Erfahrungen mit einer solchen Geschichte und sind dankbar, wenn man sie an der Hand nimmt. Diejenigen, die ihre Hand zurückziehen, muss man loslassen. Wenn sie nicht mehr zurückkommen, waren sie vielleicht gar nie da, wo man sie vermutete. Es ist einfach, mit schönen Visionen einer heilen Welt gemeinsam durch ein sattes Leben zu gehen, in dem alles hell und gut ist. Erst im Schatten des Sturms kommt dann die Stunde der Wahrheit. Das müssen wir Betroffene alle irgendwann lernen. Und vielleicht gibt uns gerade dieses

Verlassenwerden Mut und Kraft, um ganz weit aufzumachen für neue Menschen und Beziehungen.

Kerstin schreibt uns: »Bitte versteht, dass wir nun wieder alles steuern müssen, sonst brechen wir zusammen. Immer wieder schwierige Momente, wie gestern beim Einschlafen. Till weinte, weil er den Tumor nicht mehr will, weil er doch schon so viel gekämpft habe, dass der einfach weg sein müsste. Immer wieder sagte er traurig: ›Mama, gäll, ich ha de Tumor nöd mis ganzi Läbe lang.‹ Und dann weinte er wieder herzzerreißend. Was sagen, was sagen, das beruhigt? Was sagen, das ehrlich ist und ihn nicht kaputtmacht? Ich sagte, dass ich das auch fest hoffe und wir deshalb weiterkämpfen müssen. Und dass er jetzt traurig und wütend sein dürfe, alles rauslassen solle. Malin brachte ihm all seine Stofftiere und in einem Köfferchen die Kraftsteine und das Lavendel-Beruhigungskissen. Dann schniefte er, unser Held, und sagte, es müsse noch mehr Trauer raus, damit das Herz wieder leichter werde. Er machte nochmals eine Tränenrunde in meinen Armen, und dann spielten die beiden mit den Stofftieren, dekorierten fröhlich unser ganzes Bett mit ihnen, um dann ruhig und gut einzuschlafen. Wie viele schwierige Gespräche werden noch folgen. Es ist erst der Anfang, und auch das braucht so viel Energie.«

Inmitten dieses Tsunamis werden wir getragen. Unsere wunderbaren Weggefährten bleiben ganz nah und wachsen über sich hinaus. Eine leuchtende Tanne steht plötzlich im Garten, und auf der Terrasse installiert ein lieber Freund die schönste Weihnachtsbeleuchtung. Eine Frau kommt und backt mit den Zwergen, eine andere spielt ihnen ein Puppentheater vor. In diesem schwersten aller schweren Advente gelingt es Kerstin und Simon, das Blaue Haus wie gewohnt festlich zu verzaubern. Das Grauen sperren wir einfach aus. Käme es herein, würde es alles zerstören, was uns kostbar ist und woran wir uns so verzweifelt festhalten. Es wird eine Weihnacht wie in Bullerbü. Und das Glück der Kinder beim Kerzenlicht gibt uns den Boden, um zu feiern.

Am 24. Dezember sind wir bei uns im festlich beleuchteten Gelben Haus in Netstal. Liebe große und kleine Menschen setzen sich zum Fondue chinoise an unseren langen, silbergeschmückten Holztisch mit den vier Verlängerungen, der aus dem gastfreundlichen Haus meiner welschen Grandmaman in Nyon stammt. Trauer und Angst haben wir verbannt für ein paar Stunden, und die Dankbarkeit trägt uns. Pepe hat eine ganz besondere Tanne ausgewählt, an der nun statt Engel schöne bunte Kugeln baumeln. Und einen Tag später finden wir uns wieder im Blauen Haus zum Fest bei meiner Tochter ein, mit weiteren wunderbaren Helfern. Wir essen, singen, lachen, feiern zusammen und umarmen uns. Das Glück, so gut aufgehoben zu sein, legt sich sanft um uns alle, wie ein kaschmirweicher XL-Pullover. Und leise rieselt der Schnee.

Lindgrün unter Zirbelholz

Till hat jetzt nur noch eine Chance. Er muss eine hoch dosierte Chemotherapie durchstehen, und das in strenger Isolation, denn selbst harmlose Bakterien können dem geschwächten Körper nun gefährlich werden. Was das bedeutet, ahnen wir und brechen innerlich zusammen. Doch wir wissen nur zu gut, dass wir diesen Weg zu Ende gehen müssen, dass es weder Umwege noch Schleichwege gibt. Es wird immer enger auf Planet Onko. Wie Mama und Papa ihm ganz am Anfang versprochen haben, werden wir Till auch jetzt nie allein im Spital lassen, selbst wenn das unüblich und eigentlich unmöglich ist. Doch es geht gar nicht mehr anders, die Bestrahlungsschäden sind immer offensichtlicher. Tills Kurzzeitgedächtnis funktioniert nicht mehr. Sobald die Mama aus dem Blickfeld verschwindet, weiß er nicht mehr, wo sie ist, und ruft verzweifelt nach ihr. Sogar ganz einfache Kinderfilme versteht er nicht mehr, weil er den Faden sofort verliert. So viele Spiele kann Till nie mehr spielen. Seine Welt wird noch kleiner und beschränkter.

Mama und Papa setzen durch, dass immer jemand von uns an seinem Bett bleiben darf. Sie wissen, was sie wollen, und können stets auch die Ärzte davon überzeugen. Kerstin erzählt uns, dass Grün plötzlich Tills Lieblingsfarbe ist und seine neue Jacke unbedingt grün sein muss. Sogar einen lind-grünen Schlafanzug sucht er sich aus und schwärmt. Ist das Zufall, oder weiß er, dass Grün Hoffnung bedeutet? Wir wissen es nicht.

»Der kleine Mann nimmt sich Simons neues Duvet, das mit Daunen und Arvenholzspänen gefüllt ist, deren Duft guttun soll und beruhigen. Und so schläft er ganz ruhig ein auf Lindgrün und unter Zirbelholz. Wir brauchen sie so sehr, diese ungestörten Nächte. Sie halten uns über Wasser. Es ist wieder wie im Märchen. Wir kommen an im Blauen Haus und finden grüne Kerzen, die vor dem Eingang für uns brennen, einen wunderschönen Brief dazu und daneben einen Topf mit einer köstlichen Mutmach-Suppe. Alle setzen wir uns an den großen Tisch und sind ganz einfach über-wältigt. So viel Kraft, Mut und Dankbarkeit in uns allen, dass wir hier wohnen, wo es so gut ist und wir uns so fest eingepackt fühlen. Malinchen, die Feinschmeckerin, isst und genießt. Sie strahlt, weil sie auch weiß, dass die Menschen so gut nach uns schauen und wir das nicht allein schaffen müssen«, schreibt Kerstin.

Nur vier Personen werden in diesen Wochen das Spital-zimmer betreten dürfen. Schnell ist klar, dass das Tills Eltern sowie Heiri und ich sein werden. Aus meiner Angst, das nicht zu schaffen, wachsen unüberwindliche Berge. Zum Glück bleibt Heiri wie immer ganz ruhig und zuversicht-lich. Im Shopville des Zürcher Hauptbahnhofs trinken wir traurig Kaffee und warten auf den Zug nach Hause. Wir halten uns an der Hand, und Heiri sagt, dass er viele Einsätze übernehmen werde und sogar unbezahlten Urlaub in seiner Schule beantrage, wenn es die Situation erfordere. Für ihn ist sofort klar, dass wir unsere geplante Reise nach Neuseeland verschieben. Dass wir später mal dorthin reisen können. Weil Tills Leben jetzt das Allerwichtigste ist. Ich schaue ihn an, diesen wunderbaren, unendlich zuverlässigen Mann mit einem Herzen groß wie ein Bergwerk. Meine Liebe und der Stolz auf ihn schieben für eine Weile alles andere auf die Seite. Keine Sekunde zweifelt er je am Sinn seines Lebens, und mit Leichtigkeit fällt er Entscheidungen, verlagert Schwerpunkte. Immer wieder geht die Sonne auf mit ihm, inmitten dieser dunkelgrauen Zeitreise. Und immer wieder wird es warm mit ihm, inmitten dieser Eiseskälte. Es gibt nichts Verlässlicheres als diese Hand, die hält und dann wieder loslässt. Stets darf ich in Freiheit entscheiden, wie viel Zeit ich bei Till sein möchte, und sagen, was ich mir gerade zumuten kann und was nicht. Für ihn ist alles gut, wenn es mir nur hilft. Kein einziges Mal muss ich mich entscheiden zwischen ihm und Till. Er gibt mir alle Luft, um meinen Weg zu gehen, und dieses Loslassen ist das schönste und kostbarste Geschenk, das Menschen einander im Sturm geben können.

Im April 2009 beginnt schließlich die Hochdosis-Chemo. Bei dieser Therapie werden die Blutstammzellen im Knochenmark weitgehend oder vollständig zerstört, weshalb dem Körper unmittelbar danach gesunde Stammzellen zugeführt werden müssen. Das ist eine sehr belastende und risikoreiche Behandlung, die zu lebensbedrohlichen Komplikationen führen kann. Durch die es aber auch möglich ist, die krebsbekämpfenden Mittel höher zu dosieren und so Erkrankungen zu behandeln, bei denen andere Therapien nicht erfolgreich waren. Es ist Tills einzige Chance, und er unterwirft sich mit beeindruckender Größe auch dieser Maßnahme. Ihm werden die Stammzellen entnommen, die nach Abschluss der Chemo über einen Tropf wieder in seinen Körper geleitet werden sollen. Der tapfere kleine Mann ist ganz stolz, dass seine Spende erfolgreich verläuft und so viele verwendbare Stammzellen enthält.

Kerstin sorgt dafür, dass es Internet gibt in Tills Isolationszimmer. Sie besteht darauf, dass die Welt zu ihm hereindarf, wenn er sie schon nicht mehr selbst erobern kann. Und die Boatpeople sorgen dafür, dass es immer genug Abwechslung gibt in dem kargen Raum. Till darf ja keine Sachen von zu Hause mitbringen, alles muss neu und steril in Folie verpackt sein. Kerstin bestellt neue Bücher, neue Spiele. Über Skype werden ihm seine Freunde nahe bleiben können. Und auch er wird so seine Klasse in Dielsdorf und Pepes Schüler im glarnerischen Mitlödi besuchen können. Per Internet führen Freunde für ihn jeden Tag ein Kasperli-Theater auf, singen Gutenachtlieder oder machen mit ihm Ratespiele. Wir vier Großen haben die Auflage, bei jedem Eintritt in sein Krankenzimmer neue Kleider anzuziehen, und die müssen bei sechzig Grad gewaschen und anschließend getumblert werden. Das ist täglich ein Riesenaufwand. Kerstin braucht Engel, die ihr diese Wäscheberge abnehmen, und findet zwei wunderbare Freundinnen, die diesen strengen Job übernehmen. Wieder krempeln Menschen ihren Alltag um und stellen ihre Zeitplanung auf den Kopf, um uns beizustehen.

Tills Zustand verschlechtert sich auf diesem hoch dosierten Chemo-Marathon, er wird immer kleiner, durchsichtiger und schwächer. Oft liegt er nur da, in sich zurückgezogen. Dann möchte er nicht, dass ich ihn berühre. Ich spüre, dass er diesen Weg allein gehen muss, obwohl wir immer bei ihm sind. Es fällt mir manchmal unendlich schwer, stundenlang einfach neben ihm zu sitzen und abzuwarten, ausgesetzt diesem Elend. Mit offenen Augen träume ich davon, ihn ganz fest in meine Arme schließen und mit dem Zauberstab, mit dem er uns seine ersten Zaubertricks vorführte, einfach ein Wunder herbeizuzaubern. Wir dürfen kein Fenster öffnen und auch keine Raumkühlung anstellen, weil es eine Baustelle in der Nähe gibt, die den gefährlichen Schimmelpilz ins Zimmer bringen könnte. Für krebskranke Kinder ist ein solcher Pilzbefall mit schrecklichen Schmerzen verbunden und oft tödlich, weil er die Organe angreift. Meistens ist es sehr heiß und stickig im Zimmer. Einmal mehr denke ich wütend, wie entsetzlich gemein es ist, zu sparen auf dem Rücken der Kleinsten und Schwächsten, dass es nicht einmal eine Belüftung gibt, die keine Außenluft braucht.

Jedes Mal, bevor ich zu Till gehe, setze ich mich erst auf eine Bank vor dem Spitaleingang, um mich zu sammeln. All meinen Mut kratze ich zusammen, um dann wieder durch die Glastür einzutreten ins Innerste von Planet Onko. Und wenn ich das Zimmer später verlasse, fühle ich mich einsam, gebrochen und leer. So sehr wünsche ich mir jetzt, es würde vor dem Spital jemand auf mich warten, der weiß, was es bedeutet, wenn das Kind des eigenen Kindes sich so quält. Es würde mich trösten, hier an meiner Seite eine Großmutter zu haben, die dieses grausame Auf und Ab selbst erlebt hat. Irgendwann fängt mein verwundetes Herz plötzlich an, viel zu oft zu schlagen, sodass mir der Arzt Betablocker verschreibt. Viel später wird eine kanadische Großmutter, die auch eine solche Geschichte durchlebt hat, mir erzählen, dass man bei ihnen vom »broken heart syndrome« spricht. Gebrochenes-Herz-Syndrom, treffender könnte man das Ausscheren meines Herzes nicht bezeichnen. Es wundert mich nicht, dass mir das passiert. Und ich will von Anfang an daran glauben, dass mein Herz eines Tages wieder zur Normalität zurückkehrt, was dann auch geschieht.

Malins Schmerz, dass sie das Zimmer ihres Bruders nicht betreten kann, ist groß. Beide Kinder sind traurig und bedrückt. Sie vermissen einander so fest. Da hat Papa eine Idee. Er macht Fotos von Malin, und diese erscheinen jetzt als Diaschau auf Tills Bildschirm. So kommt sie wieder zurück an sein Krankenbett, und die beiden sind ein bisschen getröstet. Inmitten seiner Therapie bemerken wir eines Tages, dass Till fast nichts mehr hört. Eine Nebenwirkung der Chemomedikamente. Das ist ein Schock, eine Katastrophe, und wir sind außer uns. Tills Leben wird durch das eingeschränkte Hören noch schwieriger. Sofort kauft ihm Heiri Kopfhörer, die den Ton so verstärken, dass er weiterhin seine Musik und den Fernseher hören kann. Till ist traurig und versteht nicht, was mit ihm passiert ist. Kerstin und Simon machen, was sie immer machen: handeln statt hadern. Sie verlangen, dass die Abklärungen im Gehör, die eigentlich erst nach Abschluss der hoch dosierten Chemo gemacht werden sollten, sofort in Gang gesetzt werden. Weil sie es nicht zumutbar finden, so lange zu warten, bis Till sein Zimmer wieder verlassen kann. So darf die Hörfrau ausnahmsweise mit ihrem mobilen Equipment zu ihm hineinkommen, damit er raschmöglichst seine provisorischen Hörgeräte erhält. Nur mit Mühe wird er sich daran gewöhnen und sie immer wieder ausziehen. Seine ständig verlegten Geräte zu suchen, wird später zur Alltagsbeschäftigung für uns alle.

Till bekommt nach der Hochdosis seine gespendeten Stammzellen zurück, und er erholt sich unglaublich schnell. Schlimme Komplikationen gibt es nicht. Deshalb kann er bereits vier Wochen nach Beginn dieser Chemo ganz stolz

mit seinen eigenen Stammzellen wieder nach Hause zurückkehren, was außergewöhnlich ist. Wiederum hat er es geschafft, einen Marathon zu überstehen. Allerdings bleiben
uns strenge Auflagen. Sein Immunsystem muss erst langsam
wieder aufgebaut werden. Kerstin hält Besucher fern, die ihn
anstecken könnten, und sei es nur mit einem Schnupfen,
und wir desinfizieren laufend unsere Hände. Wenn er etwas
isst, dann nur kleine abgepackte Portionen. Till bleibt im
Haus, und seine Therapeuten kommen nun zu ihm. Aber wie
immer räumen Kerstin und Simon auch Tills Lebensqualität
hohe Priorität ein, und so darf er manchmal etwas tun oder
sein, das mit einem Risiko verbunden ist. Weil ein kleiner
Junge auch im größten Sturm immer ein Anrecht auf ein
paar Sternstunden hat. Wir sind unermesslich froh, dass er
zu Hause sein darf. Die Ärzte sagen Kerstin zum Abschied,
dass sie mit ihren Ideen, wie dem Internetanschluss im Isolationszimmer, viel in Bewegung gesetzt habe.

Bald darauf zeigen die Bilder der MRT-Untersuchung,
dass bei Till zum zweiten Mal kein Krebs mehr sichtbar
ist. Das Wissen darüber, wie schnell sich das wieder ändern
kann, dämpft unsere Freude. Wir wagen es nicht, dieses Resultat als Sieg über den Krebs zu bezeichnen. Vielleicht ist es
nur ein Etappensieg inmitten der ganzen Ungewissheit. Die
Kinder richten sich wieder ein in diesem unberechenbaren
Alltag.

Wenn ich im Blauen Haus auf dem Sofa liege, meine Augen
schließe und ihnen einfach zuhöre, wie sie unten unter der
Treppe spielen, lachen, singen und streiten, ist es für einen
kurzen Moment fast wie früher. Eines Tages unterhalten
sich die Kleinen übers Kranksein und darüber, dass so viele
Menschen im Dorf gerade Grippe haben. Die beiden sind

stolz, nicht angesteckt worden zu sein, und stellen auch sehr selbstbewusst und zufrieden fest, nie erkältet zu sein. Darauf beschließen sie, das zu feiern und sich gegenseitig zu beschenken. Till schreibt in seiner krakeligen Schrift auf sein eigenes Geschenkpäckchen: »Für den bärenstarken Till, der nie krank war.« Nie krank – wir sind zutiefst berührt.

Wie immer lese ich zu Hause vor dem Einschlafen Kerstins Mail: »Ich glaube, dass Till unbewusst spürt, dass er gehen muss. Und er weiß so fest, dass er uns alles fragen und über alles reden darf. Aber er entscheidet, wie er diesen Weg gehen will, und wenn er ihn so weitergehen will, als hätte sich nichts verändert, darf er das auch. Niemand hat das Recht, ihm das zu verwehren. Till geht voraus, in seinem eigenen Tempo, auf seine ganz eigene Art, und er bestimmt, was er braucht und will, was ihm gerade guttut und was nicht. Wir gehen jeden Weg neben ihm, sind da für alles, was er von uns braucht. Aber wir sind es nicht, die führen und entscheiden, was gut ist für ihn.« Eingepackt in meine grüne warme Decke, denke ich voll Dankbarkeit an meine geliebte Grandmaman, die immer so wunderschön träumte von denen, die schon gegangen waren. Sie glaubte so sehr daran, dass man sich wiederfindet, und hat uns diese Hoffnung als Geschenk gelassen, als sie 1995 mit hundertdrei Jahren ganz friedlich heimflog.

Träumen im Nachtzug

Sechs Jahre lang hatte ich mit Till immer wieder die Zugreise zwischen Glarus und Zürich gemacht. Ganz besonders gern stiegen wir in Ziegelbrücke in den Eurocity, den Zug mit dem edlen Speisewagen, der sogar bis hinauf nach Hamburg fährt. Wir genossen den Luxus weicher Sessel, weißer Tischtücher, frischer Gipfeli und einer freundlichen Bedienung. Die Fahrt dem See entlang war jedes Mal und zu jeder Jahreszeit schön. Es fühlte sich irgendwie an, als würden wir in die Ferien reisen. Und ich versprach Till hoch und heilig, dass wir eines Tages einfach nicht aussteigen in Zürich, sondern weiterfahren bis nach Hamburg. Er mochte diese Idee, und ich musste ihm erzählen von der Nordseeküste, dem Hafen mit den riesigen Schiffen und von den Sandburgen, die wir bauen würden an den herrlichen Stränden. Tills Augen blitzten dann immer, und wir lachten und schmiedeten Pläne. Und nun werden wir so viele Züge nicht mehr zusammen nehmen können.

Doch Mama und Papa entscheiden mutig, dass wir im August 2009 alle zusammen diese Trotz-allem-Reise noch machen werden, im Nachtzug, wie die Kinder es sich so sehr wünschen. Die beiden sind total aufgeregt und voller Abenteuerlust. Zwar sind die Schlafwagen nicht mehr so, wie wir sie in Erinnerung hatten, weniger komfortabel und schmuddliger. Aber die Bilder in unseren Köpfen sind ja auch von vorgestern, eine Ewigkeit sind wir nicht mehr so gereist. Und da sind die vielen Fußballfans, die zu einem Match nach Norddeutschland fahren und schon beim Einsteigen stark alkoholisiert sind. Der Zug hält mehrmals für längere Zeit an, was die Jungs nutzen, um auf den Bahnquais weiterzusaufen, zu rauchen und herumzugrölen. An Schlaf ist kaum zu denken.

Malin singt unbeirrt und stet ihr Lieblingslied von Andrew Bond: »Ich träume niene so guet wie ime Nachtzug, isch s Bett au härt, es isch mirs wert«, während sie von ihrem Bett aus die vorbeiziehende Landschaft anschaut. Ihr Glück darüber, dass wir wieder einmal wegfahren wie andere Familien auch, beschwingt uns alle. Till kann lange nicht einschlafen auf seiner Pritsche, wälzt sich hin und her. Der kleine Mann – wie ein Bärchen hält er fest Mamas Hand. Als er endlich schläft, wird er immer wieder wach und brummelt: »Mama, du bisch min Held. Mama, du bisch min Suneschii. Mama, du bisch min Goldschatz.« Brummelt es, dreht sich um und schläft weiter. Trotz der Hitze gehen Heiri und ich zu später Stunde noch in den Sternenhimmel-Speisewagen, in dem die Kühlung ausgefallen ist. Das Glück und die Trauer sind mit uns. Es gibt das eine nicht mehr ohne das andere. Erst sehr spät finden wir alle einen kurzen Schlaf in unserem Abteil.

Als wir in Hamburg angekommen sind, steht der Rollstuhl, auf den der schwer behinderte Till so dringend angewiesen ist, nicht mehr im Gang. Till ist verzweifelt. Wir haben keine Ahnung, womit wir uns behelfen könnten, sollte er verschwunden bleiben. Ich schaue noch in den Toiletten nach, und dort finde ich ihn zu unserer großen Erleichterung. Wir gehen in das schöne kleine Hotel mit romantischem Garten in der Nähe des Bahnhofs, das Kerstin für uns ausgesucht hat. Ich liebe die Städte des Nordens und bin so glücklich, dass wir alle zusammen nun hier sind. Von unserem Hotel aus können wir in aller Ruhe die Stadt besichtigen, in Tills Tempo. Immer wieder lange Pausen im Zimmer braucht er, um Energie aufzutanken für einen neuen kleinen Ausflug in die nahe Umgebung. Wie sehr die Kinder sich doch über jede Kleinigkeit freuen. Sie sind richtig übermütig und voller Schalk. So vieles ist für sie nicht mehr möglich, und auf so vieles müssen sie verzichten. Doch ihr Glück wird dadurch nicht kleiner. Sie so ausgelassen zu sehen, ist wunderbar.

Durch unser Quartier verläuft die Parade des Christopher Street Day, der Umzug der Schwulenbewegung. Ungewohntes gibt es da zu sehen für die Kleinen, und sie stellen ganz viele Fragen. Alles wollen sie wissen. Die beiden sitzen am Straßenrand und haben kleine Körbchen, die sie füllen mit dem, was die Menschen ihnen zuwerfen von den Love-Mobilen. Wir hören gar nicht mehr zu lachen auf. Was sie wohl mit all den Kondomen machen werden?

Heiri und ich besuchen mit den Kleinen den Hamburger Zoo, damit Mama und Papa zusammen fein essen gehen können. Die beiden sind ausgelassen und plappern die ganze Zeit. Wenn Tills Kräfte es zulassen, läuft er zwischendurch auch ein Stückchen, aber der Rollstuhl muss immer dabei sein. So übermütig ist er, dass er sogar zu hüpfen versucht. Dann geben die zwei Kinder im Zooladen ihr ganzes Taschengeld aus für kleine Erinnerungen und steigen strahlend in die bunte Zoobahn. Das Leben ist berührend schön, und wir klammern uns an diese Herzensbilder wie

Ertrinkende. Es sind drei ganz besondere Augusttage, die wir mit lustigen kleinen Abenteuern füllen. Ein paar Tränen zuletzt auf dem Bahnhof und eine wärmende Umarmung meines Liebsten, weil ich weiß, dass es unsere letzte Reise ins Glück mit Till war. Und doch fahren wir voller Dankbarkeit wieder heim, mit all diesen unvergesslichen Erinnerungen fest in Kopf und Herz. Was wir erlebt haben, kann uns niemand mehr nehmen, auch nicht der Tod.

Hoch den Bayern-Schal!

An einem Novembertag kehre ich spät von einem Nachtessen mit Freundinnen nach Hause zurück und öffne wie immer zuerst meinen Laptop, um Kerstins Till. Mail zu lesen. Sie schreibt uns: »Ich muss endlich zu Papier bringen, was wir machen würden, wenn die Untersuchungsergebnisse im nächsten April schlecht wären und Tills letzte Zeit begänne. Ich muss aufschreiben, wofür wir kämpfen und wie wir uns organisieren würden, was uns wichtig wäre und wofür wir uns ohne Ende wehren täten. Ich setze mich an den PC und schreibe, was ich niemals schreiben möchte. Drucke die Briefe an Tills Arzt, den Psychologen und die Sozialarbeiterin der Onkologie aus, alles mit der immensen Hoffnung, dass wir über das, was da steht, niemals werden reden müssen. Weil es nie passieren dürfte, dass der Tumor wieder da ist, wie es schon einmal der Fall war. Und doch weiß ich nur zu gut, dass es nur selten Wunder gibt. Es gibt nur einen Weg für uns: alles frühzeitig durchzudenken und den Menschen im Kinderspital auch die Chance zu geben, rechtzeitig unsere Wünsche und Überlegungen zu erfahren. Wenn der Sturm dann wieder tobt, gibts kaum mehr Raum für klare Gedanken, dann muss nur noch geschwommen werden, um über Wasser zu bleiben.«

Kerstin schreibt, dass sie noch am gleichen Tag Antwort bekommen habe. Alle hätten versprochen, mitzuhelfen, dass Till niemals unter Schmerzen leiden müsse, und dass, falls er dann im Spital läge, seine Familie jederzeit und immer bei ihm sein könne. Und wie froh sie sei, diesen Brief geschrieben zu haben, den sie sofort in den Briefkasten geworfen habe, denn »niemals möchte das Herz so etwas schreiben und abschicken, aber der Kopf weiß, dass es sein muss. Das ist unser Weg, wir können es zur Seite legen, wenn es am richtigen Ort deponiert ist. Das macht das Herz nicht schwerer, sondern leichter. Und es schafft Luft fürs Leben, fürs Heute, für jeden Sonnenstrahl.« Während ich lese, weine ich leise. Tills Tod wird immer realer. Die beeindruckende Offenheit, mit der seine Eltern auch dieses Thema angehen, überwältigt mich. Nichts wird unter den Tisch gewischt, alles wird angepackt und durchdacht, und immer konfrontieren sie uns mit der Realität. Weder machen sie uns etwas vor, noch beschönigen oder verharmlosen sie. Und so begebe ich mich wieder auf diese Reise, getragen von der liebenden Kraft meiner Tochter für ihren Sohn.

Seit dem Herbst besucht Till eine Sonderschule. Er darf wählen zwischen seiner ehemaligen Primarklasse mit integrativer Förderung und einer heilpädagogischen Tagesschule in Dielsdorf. Kerstin erklärt ihm alle Vor- und Nachteile, und dann entscheidet sich Till für die Tagesschule. Seine Eltern sind erleichtert, denn in der normalen Schulklasse wäre es ihm jederzeit bewusst gewesen, was er alles nicht mehr weiß und kann. »Till war der Beste in der Klasse«, sagt sein liebster Freund. Jetzt hat ihn der Krebs zurückgeworfen, auf den allerletzten Platz. Für uns zählt nur, dass er glücklich ist, dort, wo er ist. Und er ist es, klettert jeden Tag hoffnungsvoll und mit Freude in den Schulbus, findet sofort neue Freunde. Ohne Vorbehalte integriert er sich vom ersten Tag an in diese neue Welt. Dort arbeiten Menschen, die er ins Herz schließt, die ihn da abholen, wo er jetzt steht, und ihm mit so viel Liebe und Achtung begegnen. Ich mag es, ihn zu begleiten und mich für eine Stunde in seine neue Welt zu begeben. Auch ich bin zutiefst gerührt über dieses neue kleine Glück. Till ist stolz ohne Ende, dass er nun wieder ein Schüler ist, stolz ohne Ende auch auf »seine« Schule. Kehrt er nach Hause zurück, muss ihn Kerstin immer fragen, wie es war. Und dann erzählt er, und unsere Herzen werden warm.

Till sagt, dass er nachts oft böse Träume habe, und redet darüber mit seiner geliebten, wunderbaren Ergotherapeutin, die mit ihm die verschiedensten Abläufe und Fähigkeiten wieder einübt. Sie hat eine großartige Idee. Zusammen nähen die beiden ein Kissen mit einem farbigen Tiger drauf: Tills magisches Tigerkissen. Es bekommt allergrößte Bedeutung, und Kleinmann hütet es wie seinen Augapfel. Stets muss es in seiner Nähe sein, und bis zu seinem letzten Tag wird es ihn begleiten, zusammen mit Pingu und Bärli, seinen liebsten Plüschtieren. Till sagt, dass die bösen Träume jetzt Angst haben und abhauen, wenn sie ins Zimmer kommen und den Tiger sehen. Glücklich ist er und froh, einen Weg gefunden zu haben aus dieser belastenden Welt der Albträume. Kerstin schreibt uns: »Mein Till, der diesen Frühling noch mit uns nach Paris gehen möchte. Jede Nacht stellte er mehrmals sein Tigerkissen wieder richtig hin, damit es ihn vor den bösen Träumen schützt. Er besteht darauf, dass es nur funktioniert, wenn es genau so steht, wie er es will, im richtigen Winkel und am richtigen Ort. Gestern durften wir das Kissen nun endlich mit einer Sicherheitsnadel an der Matratze befestigen, da er kaum mehr schlafen konnte. Endlos kontrollierte er und machte jedes Mal Licht, um zu sehen, ob es noch richtig steht. Jetzt kann unser Held wieder in Ruhe schlafen.«

Inmitten dieses stressigen Lebens findet eine gute Fee den Weg zu uns. Claudia Külling von Onko Family Care, einer Freiwilligen-Organisation, die sich um krebsbetroffene Familien kümmert, schickt uns Marianne. Sie kommt einen Nachmittag pro Woche ins Blaue Haus und erobert sofort sämtliche Herzen. Sie macht ein paar Stunden lang einfach das, was gerade gebraucht wird, und kann alles: basteln, erzählen, singen, spielen, trösten und im Haushalt helfen. Manchmal übernimmt sie eine Fahrt, begleitet Till zum Arzt, holt Malin von der Schule, legt Wäsche zusammen. Marianne bringt etwas Feines zum Essen mit oder besondere Augentropfen für Till, unterstützt, entlastet, beruhigt, hört zu. Mit ihr zusammen wird so viel gelacht. Dankbar sind wir, wenn sie zur Tür hereinkommt, so viel Leichtigkeit mitbringt und erledigt, was anliegt. All das macht sie ehrenamtlich und unentgeltlich, sie steigt auf unser Boot mit einer Selbstverständlichkeit, die uns zutiefst bewegt.

Da sind auch Simons Mama und meine Schwägerin. Die beiden Frauen kommen regelmäßig und verhelfen den zwei Kindern immer wieder zu ganz viel kleinem Glück. Auch sie bringen gute Ideen mit, und alle freuen sich auf ein feines Mittagessen und einen fantasievollen Nachmittag. Anpacken, was grad erledigt werden muss, und Kerstin für einen Tag unterstützen, das ist es, was gebraucht wird. Tills Musiklehrerin kommt regelmäßig für eine Stunde, bringt ihm Töne und Klänge mit, Leichtigkeit und Lachen. Auch seine Ergotherapeutin verlegt die Behandlung kurzerhand zu uns. Till weiß, dass sie ihn wieder herausfordern wird mit einer neuen Aufgabe, die er natürlich und ganz gewiss problemlos besteht. Jetzt zählt nur noch, ihn dort abzuholen, wo er steht, und ihn zurückzulassen mit einem Lächeln im Gesicht. Wie wertvoll sind doch all diese Menschen, auf die wir und die Kinder so sehnsüchtig warten. Sie verzaubern uns die Tage, verjagen die Schwere und sind längst unsere Tankstellen.

Es fließen Lebenskräfte zwischen denen, die so stark durch unsere Tür eintreten, und denen, die so unendlich dünnhäutig und erschöpft mittendrin stehen im Sturm. Alle, die kommen, sagen, dass sie wiederkommen möchten. Und alle, die gehen, sagen, dass sie bereichert und beglückt ihren Heimweg antreten. Weil es die Liebe ist, die im Blauen Haus regiert. Und weil wir erleben, dass wir nur gemeinsam diese überirdische Kraft haben, schwere Herzen so leicht zu machen wie mit Liebe gefüllte bunte Luftballons. Jeder Mensch, jede Hand wird so fest gebraucht. Kerstin schreibt in ihrem Till. Mail: »Danke für jedes Entlasten, dass ihr eure Kinder für eine Stunde zu uns schickt, was Tills Herz so freut. Danke für das SMS, welches fragt, ob wir ein Poulet möchten. Danke für den Vorschlag, mit den Zwergen zu backen, fürs Haareschneiden von Malin und die Transporte ins Kinderspital. Danke für die warmen Brownies und den frischen Zopf vor dem Haus. Danke für das Aufführen eines Theaters in unserer Stube und fürs Basteln mit Till. Danke für die Autos, die anhalten und mich mitnehmen, wenn ich wieder mal in großer Eile zu Fuß unterwegs bin im Dorf. Alle und alles geben mir Mut, Wärme und Kraft zum Weitermachen.«

Einer unserer Helfer, unerwartet und mit viel Herz an Bord gekommen, sorgt dafür, dass sich Tills größter Traum erfüllt. Er stellt eine Verbindung zum FC Bayern München her, und Till bekommt nun Post aus München, Autogramme und ein Fußballhemd mit den Unterschriften aller Spieler. Und eines Tages besucht ihn der Vizepräsident des Clubs sogar persönlich auf der Durchreise. Eine ganze Schachtel Fan-Artikel bringt er mit, und Tills Freude ist riesengroß. Er kennt sie alle, diese Fußballer, ihre Lebensläufe und die Einzelheiten ihrer Karrieren. Bald darauf darf die ganze Familie einen Match des FC Bayern München gegen den FC Leverkusen besuchen. Das ist das Großartigste, was passieren kann, in einer so schwierigen Zeit, wo es Till meistens nicht gut geht.

Ungeheuer mutig entscheiden Mama und Papa, trotz seiner Zerbrechlichkeit nach München zu fahren. Die Kinder sind begeistert und total aufgeregt. Unter normalen Bedingungen wäre diese Reise für Till nicht mehr möglich, aber mit all den Erleichterungen, die ihnen angeboten wurden, wollen sie es schaffen. Sie werden in einem Hotel ganz in der Nähe des Austragungsorts einquartiert, dürfen mit dem Auto bis ins Stadion fahren und werden vom Vizepräsidenten in die VIP-Lounge begleitet, wo Malin die beste Tomatensuppe ihres Lebens löffelt. Sie sind glücklich bis in die Zehenspitzen, unsere Kleinen, dürfen sich im Fan-Laden noch etwas Schönes aussuchen. Und dann gehts los. Es ist der Match, in dem sich Deutschland vor seinem Torhüter Robert Enke verneigt und sich von ihm verabschiedet. Dessen herzkranke kleine Tochter starb, während er neben ihr schlief, der Papa bekam danach schwere Depressionen und lief irgendwann vor einen Zug. Das beschäftigt uns sehr. Die Kleinen stellen viele Fragen. Sie sind beeindruckt von der Solidarität, auch sichtbar durch die Trauerbinden, die alle Spieler am Arm tragen. Selbst bald betroffen vom Tod, kennen wir keine Berührungsängste mehr.

Der Match endet unentschieden, und Simon trägt den erschöpften, glücklichen Till ins Auto. Sie haben es geschafft. Während Papa heimzu fährt und die Scheibenwischer die schweren Schneeflocken zur Seite schieben, hören die vier Tills Lieblings-Fansong: »Das Spiel ist aus, wir müssen gehen ... Machs gut, du Stern des Südens, bis zum nächsten Mal. Zum Schluss noch einmal hoch den Bayernschal!« Er hat ihn voller Stolz angezogen, seinen geliebten Bayernschal. Aber ein nächstes Mal wird es nicht geben für unseren Großen. Vor dem Einschlafen noch Kerstins Worte zur Nacht: »›Ich stah hinnär diär‹ – immer und immer wieder höre ich das Lied von Sina, wenn es ganz schwierig wird. Schaue ich dann in Gedanken hinter mich, sehe ich euch voller Dankbarkeit da stehen. Ihr seid unser Sprungtuch und unser Rettungsboot.«

Zu unseren Boatpeople gehören auch mein Sohn Nils, Marielle und der kleine Ile, standfest wie die Felsen des Glarnerlands. Bei Nils und Marielle kann ich auch dann Zuflucht suchen, wenn mich jede Kraft verlassen hat und nichts mehr geht. Nils ist es dann, der mir eine warme Decke gibt und einen heißen Tee, mich einhüllt und sich zu mir aufs Sofa kuschelt. Er hält mich, und die beiden sind stark und geduldig genug, um einfach mit mir zu warten, bis ich wieder Boden spüre und die Schritte fest genug sind, um nach Hause zurückzulaufen. Häfen zu finden, die Schutz gewährleisten, wenn der Sturm gerade die ganze Welt vereinnahmt, ist unendlich wichtig.

Da sind aber auch Trix und Toni, die Schwiegereltern von Nils. Sie wohnen in Netstal wie wir und teilen mit uns diese

Zeit, wo nicht mehr große Abenteuer, sondern kleine Hilfe-leistungen gefragt sind. Sie begleiten uns durch den Alltag, bei uns zu Hause oder im Spital. Sind einfach da. Und wenn dann Till, der fast nichts mehr isst, plötzlich eine Schokolade möchte und Toni sich aufs Velo schwingt, in den einzig noch geöffneten Laden der Gegend radelt und mit Tills Lieblings-schokolade zurückkommt, ist das wie Weihnachten. Oder das liebevolle Begleiten zum Jahrmarkt ins benachbarte En-nenda, mit Malin an Trix' Hand, Till auf Tonis Schultern, und als Krönung die geliebte Bratwurst. Wie glücklich die Zwerge zwischen uns allen sind, wenn es gelingt, Normalität zu leben. Das ist es, was sie sich am meisten wünschen, ganz normale, unauffällige Kinder zu sein.

Und wieder ist es Toni, der unseren Kleinen im Roll-stuhl durch den Regen schiebt, bei diesem so banalen und doch so überaus wichtigen Fasnachtsumzug in Netstal. Die kleine, hauchzarte, als Pippi Langstrumpf verkleidete Gestalt nimmt er kurzerhand auf die Schultern, weil er spürt, dass Till keine Kraft mehr hat, und damit er besser sieht. Unser Till mit der orangefarbenen Perücke und den aufgemalten Sommersprossen, der doch eigentlich als Cowboy oder Pirat herumspringen müsste und dessen Anblick uns die Kehle zu-schnürt. Und dann zieht Toni ihm seine eigene Regenjacke über, zum Schutz vor Kälte und Nässe, und bringt uns das kleine glückliche Bündel Mensch wieder heim. Till war an der Fasnacht, nur das zählt. Für ihn und uns alle. Wir öffnen eine Flasche Prosecco und für Toni sein Lieblingsbier, Till packen wir ein in eine warme Decke. Da ist es wieder, dieses ganz innige Glück.

Solche gemeinsamen Sonntage sind Überlebenshilfe und Balsam für unsere verletzten Herzen. Nichts ist wertvoller als

Menschen, die Till spüren lassen, dass sie ihn lieben. Menschen, in deren Herzen und Agenden sich etwas verändert hat, weil da dieses ganz besondere Kind ist, das Krebs hat und wahrscheinlich daran sterben wird. Mit uns ins Kinderspital zu fahren, eine Stunde dort im Restaurant zu sitzen, um den aus Mohrenkopf-Folie gedrehten Ball immer wieder dem strahlenden Till zuzurollen, das nenne ich Glück im Kleinstformat. Die ständige Konfrontation zu ertragen mit Krebs und Tod, braucht Größe und Mut. Auch für Malin, deren Leben so schwierig und schwer wieder wurde, sind ihre großen und kleinen Freunde in unserem engen Glarner Bergtal eine Quelle von Lebensfreude.

Es ist Tills letzte Rückkehr ins Gelbe Haus. Wir laden seine liebsten Menschen zum Essen ein, und Malin hält mir eine berührende Rede. Sie bedankt sich für alles, was ich für sie und ihren Bruder tue. Till fängt an zu weinen, ist schier untröstlich. Als seine Mama fragt, was los sei, antwortet er schluchzend: »Ich bin so stolz auf meine Schwester.« Abends wird Mama noch einmal nachfragen. Wieder wird er die gleiche Antwort geben und noch hinzufügen, dass er, wenn sein Herz ganz schwer sei, zum Himmel hinaufschaue. Dann werde es ganz warm in ihm, und alles sei wieder gut. Einmal mehr stehen wir sprachlos da, staunen und ahnen, dass der Tod nicht das Ende sein kann. Till steht mit einem Bein schon in einer andern Dimension des Seins, und seine Flügel wachsen. Vielleicht weiß er ja, dass dies sein letzter Besuch bei uns ist. Was wissen wir Flügellosen denn schon?

Tills letzter Ausflug am nächsten Tag, einem himmelblauen Glarner Sonntag, geht in ein nahes Restaurant mit Minigolf. Nils und seine Familie, Trix, Toni und seine verlässlichen vier Molliser Freunde sind auch dabei. Sie spielen mit Till, geben ihm, der kaum mehr stehen kann, das Gefühl, noch immer ein erfolgreicher Mitspieler zu sein. Und es funktioniert. Einfach ein paar Stunden dort sitzen und diese unspektakuläre Zeit mit uns teilen, die nur deshalb spektakulär ist, weil sie bald ablaufen wird – das ist es, was wir brauchen, und das ist es, was sie geben können. Immer wieder staune ich, wie es uns gelingt, ganz normal zu handeln inmitten dieses Wahnsinns. Einen ganzen Nachmittag sitzen wir an der wärmenden Sonne, reden, lachen, spielen, getragen von der Nähe, die uns verbindet. Till ist glücklich. Keine besseren Freunde könnten an seiner Seite sein. Was sie ihm schenken an diesem dunklen und doch so lichterfüllten Sonntag, ist unbezahlbar.

Da ist auch diese wunderbare Familie aus Näfels. Zwei Kinder und zwei Erwachsene sind eingestiegen in unser Boot, obwohl sie uns kaum kannten. Unsere einzige Verbindung war die Glarner Kantonalbank. Einfach so werden sie zu liebevollen, sorgenden Freunden von uns allen. Sie schreiben Till und besuchen ihn, wenn er in Netstal ist. Und immer wieder denken sie sich kleine Überraschungen aus für ihn. Es ist ihnen nichts zu viel. Sie fahren sogar nach Dielsdorf, um etwas Feines vor die Haustür zu stellen, wenn der Sturm dort gerade wieder jede Normalität im Alltag verunmöglicht. Dass es das gibt, ist eine meiner schönsten Erfahrungen. Menschen werden zu Hoffnungsträgern, dort, wo man es niemals vermutet hätte. Menschen schenken uns ihr Herz, und die aufgereihten Herzen beschützen uns vor dem Sturm.

Mit all diesen Großen und Kleinen wird jedes Zusammensein zu einem ausgelassenen Fest. Sie geben alles, damit unser Held glücklich ist. Die Kinder finden jederzeit spielerisch den Zugang zu ihrem kranken Freund. Sie wissen, dass sie ihn verlieren werden, und halten seine Hand. Zusammen gelingt es uns immerzu, den Vorhang aus Angst und Not beiseitezuschieben, um der Leichtigkeit und der Lebensfreude den Raum zu geben, den ein schwer krankes Kind und seine tapfere kleine Schwester brauchen. Berührt lese ich Kerstins Mail: »Nach einem glücklichen Tag im Glarnerland liegen die beiden fröhlich und zufrieden im großen Bett, hören ›Nils Holgersson‹. Sie scheinen nicht müde zu sein. Till hat einen Schoggischnauz, weil er eben nochmals zum Kühlschrank watschelte, um sich noch eine Milchschnitte zu holen. ›Ich ha no es Hüngerli‹, sagt er lachend und legt sich wieder neben seine Schwester mit ihrem Musikbär fest im Arm.«

Erkrankt ein Kind an Krebs, kommt eine Zeit, in der große Worte und laute Töne keinen Platz mehr haben. Um schwer kranke, sterbende und trauernde Menschen zu begleiten, braucht es ein offenes Ohr für leise Töne und ungeschminkte Worte. Wir sind einfach froh, so viele Menschen an unserer Seite zu haben, die das vermögen und verstehen. Seit drei Jahren lerne ich aber auch, dass ich vieles allein durchstehen kann. Meine Reise ins Wachstum braucht einfach seine Zeit, Abkürzungen gibt es keine.

Flügel wachsen

Im April 2010 verbringen Heiri und ich unsere Ferien wieder in Nyon, diesem wunderbaren Ort meiner Kindheit. Es sind elf Monate vergangen, seit man uns sagte, Till sei krebsfrei. Und jetzt zerschlägt das Ergebnis einer erneuten MRT-Untersuchung erbarmungslos die allerletzte Illusion. Nach dem Telefongespräch mit Kerstin bricht meine Welt zusammen. Was tun jetzt und wohin gehen? Ich weine verzweifelt und kann zu meinem Erstaunen dennoch klar denken; das immerhin habe ich geschafft. Meine Entscheidung ist, zu bleiben, wo ich bin, weil es ohnehin keine Flucht gibt. Wohin ich auch gehen würde, Tills Todesurteil käme mit. Also fahren wir weder ins Gelbe noch ins Blaue Haus zurück. Ich ziehe einfach meinen Mantel an und laufe los, dem Genfersee entlang. Die kalte Bise trocknet meine Tränen, und die Gischt der Wellen spritzt über die Quaimauern. Simon sagt: »Ab heute beginnen Tills Flügel zu wachsen.« Keinen schöneren, berührenderen Satz eines Papas könnte ich mir gerade vorstellen.

Till wird fliegen, das ist jetzt Realität geworden. Und wir nehmen sie an, weil alles andere nur noch sinnlos wäre. Keine Energien mehr verschwenden für Träume, die schon zerplatzen, bevor sie beginnen. Unser Kleiner hat genug

gekämpft, hat alles gegeben und so tapfer Grenzen über-
schritten. Jetzt ist der Krebs wieder da, um seinen Amok-
lauf fortzusetzen. So vieles hat er schon zerstört, aber für
ihn scheint genug nie genug zu sein. Immer bleibt er der
Medizin ein Stück voraus, mutiert und dreht uns eine lange
Nase. Unantastbar aber bleiben Tills Liebe, Würde und Lebensfreude. Die kann ihm der Krebs nicht nehmen. Die
Weisheit und Gelassenheit dieses kleinen Menschleins sind
unbeschreiblich. Und wir wissen inmitten dieses Wahnsinns
schon klar, wie viele Spuren das hinterlassen wird, zum Trost
für uns alle.

Kerstin schreibt uns: »Till konnte ewig lang nicht einschlafen. Er wollte, dass wir ihm sagen, dass alles so nicht stimmt.
›Ich will kän Tumor mee im Chopf‹, sagte er immer und
immer wieder. Was sagen, wie beruhigen? Die ganze Nacht
mussten wir seine Füße halten, immer wieder rief er ›Mama‹,
›Papa‹. An Schlaf war nicht zu denken. Malin schlief und
umschlang mich ganz eng. Sie hatte versucht, ihren Bruder zu beruhigen, indem sie ihm Chemomedis zeichnete,
die seine Tumorstücklein fressen. Auch jetzt wissen wir, dass
es uns ganz fest trösten wird, dass wir dafür gesorgt haben,
dass Tills geschenkte Zeit einfach nur schön blieb, und wir
zusammen mit euch allen ihm zu so vielen Sternstunden
verholfen haben. Immer und immer wieder.«

Die Ärzte im Kinderspital besprechen mit Kerstin und
Simon das letzte Wegstück, wie sie es versprochen haben.
Die beiden haben klare Vorstellungen, und es ist für uns alle
wichtig und beruhigend, dass die Fachleute sie dabei unterstützen. Wie entlastend ist es, auszusprechen, was nicht mehr
abzuwenden ist. Sich selbst und niemandem mehr etwas vorzumachen. Die Offenheit im Umgang mit Tills Schicksal hat

uns immer Kraft gegeben und Stärke. Niemand weiß, wie lange es noch dauern und wie dornig dieser Weg sein wird. Unsere größte Angst ist sein Leiden. Darum wird dieses Thema bis ins letzte Detail besprochen, alle Möglichkeiten der Schmerzbekämpfung erwogen. Dass Mut auch von Angst befreit, ist eine tröstliche Einsicht.

Mein Till, in dem ich so oft auch meinen verstorbenen Vater erkenne, den Sohn eines Glarner Bergbauern, von berührender Bescheidenheit und so gut geerdet. Till, der mit dem Bergler-Gen, sesshaft und nach den Ferien immer auch liebend gern wieder ins Blaue Haus zurückkehrend. In Schweden, Mallorca und Südtirol war er mit Mama, Papa und Malin noch seit der ersten Diagnose, und er genoss diese Ferien mit allen Sinnen. So viel wie möglich will er auch jetzt noch wissen, lernen, sehen und verstehen. Berge von filigranem Glück packt die kleine vierköpfige Familie ein in die Zeit, die ihr noch bleibt. Es ist die Gegenwart mit Till, die zählt, weil uns die Zukunft mit ihm gestohlen wird.

Tills Flügel wachsen. Und noch immer freut er sich über all den Besuch und die vielen Zeichen, die man ihm bringt oder schickt. Täglich fragt er, wer heute kommt, und immer wieder hat er so viel Spaß mit den großen und kleinen Freunden. Sie alle bleiben ihm nah und lassen sich so vieles einfallen, um ihm noch eine Freude zu machen. Der Rahmen wird enger, und seine Kräfte schwinden. So wichtig bleibt ihm seine Musik, seine »Musizin«. Er singt seine tausendfach gesungenen und gehörten Lieder auch dann noch, als seine Stimme fast nicht mehr vernehmbar ist. Simon erfüllt ihm seinen letzten Wunsch, nimmt ihn auf die Schultern, und zusammen kaufen sie eine Karaoke-Anlage. Till ist glücklich und wünscht sich, dass wir uns neben ihn auf das Sofa setzen und mitsingen. Alle, die kommen, machen und schaffen das. Irgendwie ist es schon schräg, »An der Nordseeküste« zu singen neben diesem sterbenden Kind. Und doch ist es auch jetzt das Allerbeste, dem Gesang so viel Raum zu geben wie nur möglich und das ganze Blaue Haus mit Lachen und Leichtigkeit zu erfüllen. Wir geben der Verzweiflung keine Chance, weil Tills Lebensfreude unantastbar bleiben muss. Bis zuletzt wird unser Held das Singen nicht aufgeben. Wie immer zeigt er uns einen Weg. Seinen Weg. Und einen besseren gibt es nicht.

Ich erwache und lese Kerstins Till.Mail: »Immer wieder dieses Gefühl, dass uns das Leben die Besten über unsern Weg schickt. Die besten Ärzte, Pflegenden, Therapeuten, Nachbarn und Freunde.« Meine Tochter verwandelt Krallen in Flügel, immer und immer wieder. Es ist Tills letzter Sommer. Das wissen wir. Es gibt keinen Raum mehr für Wunder. Aber Kerstin bleibt voller wunderbarer Ideen, gibt niemals auf, zaubert einfach weiter und organisiert für uns Ferien im Kleinstformat. Heiri und ich sind eingeladen auf zwei Tage Zürich mit Übernachtung im Niederdorf. Es ist ein schöner Himmelblautag, und wir treffen uns alle im Hotel. Mit Freude schiebe ich Till im Rollstuhl durch die belebten Straßen an einen seiner liebsten Orte, den Kinderbuchladen. Lesen ist noch immer eine seiner Lieblingsbeschäftigungen. Er läuft sehr unsicher, und seine Bewegungen sind unkontrolliert. Immer wieder zieht er Bücher aus dem Regal und lässt sie dann fallen. Dazu redet er laut. Die Menschen schauen zu uns herüber, und ich bin dankbar, dass sie einfach nichts sagen. Sie spüren ihn wohl, den Ernst der Lage. In ihren Blicken ist neben Entsetzen auch Mitleid. Till aber ist vergnügt und freut sich über diesen Ausflug. Ich dränge ihn, dass er sich ein Buch aussucht, und erleichtert gehe ich mit ihm wieder ins Freie. Ein glücklicher Bub sitzt im Rollstuhl, das neue Buch auf den Knien.

Abends nehmen wir das Tram ins Seefeld, um ganz fein und gediegen in einem österreichisches Restaurant zu essen, wo es die besten Wienerschnitzel und Tills Lieblingsdessert gibt, Kaiserschmarren. Denn an guten Tagen isst und trinkt er etwas, meistens verspürte er aber weder Durst noch Hunger, und dann sind wir immer wieder so froh, die Sonde zu haben. Die Kleinen sind heute ganz aufgeregt und finden es die tollste Idee der Welt, Ferien in Zürich zu machen. Ina ist mit dabei, eine Tante, die er innig liebt und die Till ganz fest ins Herz geschlossen hat und ihn immer wieder einpackt in so viel fröhliche Leichtigkeit. Alle sind wir entspannt und gelöst. Einmal mehr zaubert Kerstin für uns Normalität. Die Liebe legt sich wie ein schützendes Tuch über uns. Innerlich und äußerlich geborgen, genießen wir das Essen in dem festlichen Ambiente. Spät warten wir aufs Tram, und Till sagt: »Hoffentlich chunnt e Cobra.« Tatsächlich kommt eines der Cobra-Trams mit dem extratiefen Einstieg für Rollstuhlfahrer. Der kleine Mann strahlt und klatscht in die Hände: »Has doch gwüsst, dass e Cobra chunnt. Mir händ doch immer Glück.« Immer Glück? Wir? Alle sind wir tief berührt, einmal mehr, von seiner Größe. Wir könnten alle losheulen und werden stattdessen ganz still. Heiris Augen füllen sich mit Tränen. Tapfer steigen wir ins Tram, so dankbar, einander zu haben. Wir bewohnen zu sechst ein großes Hotelzimmer und genießen es, uns nahe zu bleiben. Bevor Till einschläft, ruft er »Guets Nächteli!«, und dann muss Mama antworten: »Guets Nächteli, min Goldschatz.« Erst dann ist es gut. Erst dann schläft er ein, tief und fest.

Ich liege lange wach und höre einfach den Atemzügen der anderen zu, bin unsagbar froh, dass man so ruhig bleiben kann inmitten dieser Bedrohung. Wie entsetzlich wäre eine aufgelöste Familie für unsere Zwerge. Wir schaffen ihnen diese Glasglocke, unter der sie sich geborgen und beschützt fühlen. Doch wie lange werden die Kräfte dazu noch reichen? Ich verdränge die aufkeimende Angst und kuschle mich ganz nah an den, den ich liebe und der mich hält.

Der flüsternde Schmetterling

Kerstin schreibt uns wenige Tage später: »Hab sie immer wieder im Ohr, die Trauer-Fachfrau, die da war und sagte, dass in unserer Kultur normalerweise Kranksein und Sterben hinter geschlossenen Türen passiert. Dass Familien sich dann zurückziehen und isolieren, versuchen, es allein zu schaffen, weder darüber reden noch um Hilfe bitten. Und dass wir anderen Menschen ein Geschenk machen, indem sie Teil unserer Geschichte werden dürfen, kommen können ins Blaue Haus, indem wir reden, schreiben und erzählen.« Und da ist dieses Schmetterlingslied, das Till nun plötzlich und immer wieder hören will. »Gäll, Mama, das isch ganz es schöns Lied«, sagt er leise. Irgendwann kommt Malin aus dem Garten gerannt und erzählt ganz aufgeregt, ein weißer Schmetterling fliege um Tills Kopf. Und er habe wieder diesen konzentrierten Blick, mit dem er immer so genau zuhöre. Sie sei sich sicher, dass der Schmetterling Till etwas ins Ohr geflüstert habe. Es müsse etwas Beruhigendes gewesen sein, weil er nachher so friedlich und ruhig ausgesehen habe. Kerstin kauft Raupen, damit die Kinder es miterleben können, wie aus einer Raupe ein Schmetterling wird. In der Stube steht die Schachtel, und die zwei verfolgen das alles voller Interesse und Neugierde.

Malin sagt: »Weisch, Mama, de Till cha doch jetz nüme springe und turne. Da würds doch guet passe, wänn er en Schmätterling wird, wo liecht und beweglich zum Himmel ufeflügt, ufe, abe, rächts und links, grad so, wie er Luscht hät. En Schmätterling, wo ales cha, was de Till jetzt nüme cha.« Später, bei Tills Erdbestattung, wird wieder ein weißer Schmetterling über der zugeschütteten Erde hin und her flattern. Der Schmetterling als Symbol für die Auferstehung in einem neuen Körper. Ein schönes, tröstliches Bild.

Kerstin benötigt zusätzliche Hilfe und Unterstützung im Alltag. Sie findet ihre »Perle«, die nun täglich für zwei Stunden ins Haus kommt. »Zu wissen, dass sie kommt«, schreibt Kerstin, »gibt mir jeden Tag Kraft. Ich hatte hundert Telefonate von so vielen Menschen, die Arbeit suchen und alles täten, um sie zu bekommen. Aber dann meldet sich diese eine Frau, Mama von drei Kindern und eigentlich im Tourismus tätig. Die sich plötzlich dachte, warum nicht so etwas tun? Da habe ich entschieden, jetzt nur für mich zu schauen und sie, die Allerbeste, zu nehmen. Die Frau, mit der ich mich wohlfühle und die so feinfühlig alles versteht. Vieles tut sie für uns, sogar frische Gipfeli bringen, wenn sie weiß, dass Meme bei uns schläft, für einen guten Start in den Tag. Sie packt an, wo es nötig ist und grad guttut, räumt wie im Märchen immer wieder unser Chaos auf. Bringt neue Ordnung in unsere Küche und Schubladen, pflanzt Blumen und verschafft Malinchen Sternstunden. Alles ist einfach gut mit ihr, und schon lange sah es nicht mehr so schön und aufgeräumt aus bei uns im Blauen Haus.« Ich lese voller Dankbarkeit. Nichts entlastet mich mehr als Menschen, die mittragen, was erdrückend schwer ist, und damit auch mich entlasten. Ihre Leichtigkeit schafft uns Raum zum Durchatmen.

Till wird zusehends schwächer. Wir spüren, dass er sich entfernt und sich dem zuwendet, was kommen wird. Er braucht nichts zu sagen, wir lesen es in seinem immer zarteren Gesichtchen. Da ist sein entrückter, himmelwärts gerichteter Blick. Er weiß etwas, das wir bloß erahnen können. Und er sagt seiner kleinen Schwester liebevollst, sie solle zum Himmel hinaufschauen, wenn ihr Herz zu schwer sei, damit es wieder leicht werde und warm.

Noch einmal zaubert Kerstin und lädt uns in ein Hotel ein, diesmal im Zürcher Seefeld. Till und Malin wollen Meme und Pepe unbedingt den Chinesischen Garten zeigen. Wir beziehen zwei wunderschöne, miteinander verbundene Zimmer, und schwups ist das Trotz-allem-Feriengefühl wieder da. Dann machen wir uns mit den Kleinen auf den Weg. Malin sitzt im Rollstuhl auf Tills Knien. Er hält sie ganz fest und drückt sie an sich, legt seinen Kopf auf ihre Schulter. Immer sanfter wird er und zärtlicher, und Malinchen strahlt. Die beiden plaudern und freuen sich darauf, uns an diesen Ort zu führen, den wir noch nie besucht haben. Im Chinesischen Garten besteht Till darauf, allein über die kleine Holzbrücke zu laufen. Ungern lasse ich seine Hand los. Doch tapfer wackelt er den Weg hinauf und auf der anderen Seite wieder hinab, dort strauchelt er und fällt prompt ins Wasser. Ihm macht die Nässe nichts aus, er bleibt die Ruhe selbst, aber ich habe sofort Angst, er könnte sich erkälten. Wir rollen, so schnell es geht, ins nächste Restaurant am See, und Heiri rennt zurück ins Hotel, um Ersatzkleider zu holen. Inzwischen essen die beiden Kinder ihr Lieblingseis und lachen über das, was geschehen ist. Malin sagt ihrem Bruder, wie mutig er gewesen sei und dass er einfach Pech habe und ihr das auch hätte passieren können. Sie ist Meisterin darin, ihrem Bruder Komplimente zu machen und Deprimierendes zu verharmlosen. Berührt höre ich den beiden zu.

Ich nehme Tills kalte Füße auf meine Knie, zwischen meine wärmenden Hände. Wenn die Welt den Verstand verliert, braucht man irgendwas, an dem man sich festhalten kann. Heiri kommt mit trockenen Sachen und meinen Gummistiefeln. Die Kinder sind in Ferienstimmung, ihr Wunsch wurde heute erfüllt. Till stolpert in meinen Stiefeln zum Rollstuhl. Wenn er fällt, rappelt er sich wortlos wieder auf, und mein Herz schlägt noch ein bisschen öfter als sonst schon vor lauter Schmerz. Wir kehren ins Hotel zurück und stellen den Fernseher an für einen Fußball-Match. In Mamas und Papas Zimmer läuft ein zweiter Match, und ein überglücklicher Till pendelt zwischen den beiden Zimmern, den Matchs, den Eltern, den Großeltern und den Federdecken hin und her. Ich sehe wieder diesen letzten Rest Schalk in seinen Augen, den ich so mag. Und er erzählt Geschichten, um dann lachend zu sagen: »Es Witzli gsi, es Witzli gsi.« Noch immer kann das Leben so innig sein. Abends möchte Till nur eine Bellevue-Bratwurst essen, und ich erfülle ihm diesen kleinen Wunsch. Ganz nah beisammen genießen wir unsere letzte gemeinsame Wurst, ohne zu reden. Was uns verbindet, bedarf keiner Worte mehr.

Abends schreibt Kerstin in ihrer Rundmail: »Unser Till, der so zärtlich geworden ist und liebevoll, der so viel Körperkontakt nun sucht und braucht, der Malinchen immer wieder knuddelt, oft zu heftig. Richtig zu dosieren, ist so schwierig geworden für ihn, und so wirft er sie manchmal fast um. ›Mein Grizzly‹, nennt sie ihn dann und würde sich wünschen, er wäre weniger heftig. ›Grizzlys können halt nicht anders‹, sagt sie irgendwann glücklich ergeben, wenn er sie so lieb anschaut und voller Stolz. Und dann knuddelt sie ihn auch, so fest sie kann.«

Ich habe Ferien, und es gibt in diesem Sturmleben nur noch einen einzigen Ort, zu dem ich hinfahren mag. Heiri und ich reisen über den Brenner nach Osttirol, durch diese schönen, friedlichen Täler, die wir so sehr mögen. Dort am Tristachersee, inmitten der großen, bunten Wälder, haben wir unseren Kraftort gefunden. Die Wärme und Gastfreundschaft der Wirtsfamilie, die Stille und Magie dieses Ortes sind Balsam für uns. Dort finden wir wieder Ruhe, Hoffnung und Vertrauen in unseren Weg.

Ein Segelschiff aus bunten Tüchern

Till hat Zugang zu seiner spirituellen Welt gesucht und gefunden. Er nennt sie Gott. Voller Respekt und unvoreinge-
nommen hören wir ihm zu, öffnen auch unsere inneren Türchen wieder zu fast verschütteten Welten. Was er da spürt,
muss existieren, denn es kommt aus seinem Innersten. Längst
hat Mama das erkannt und gehandelt. Sie ahnt, dass Till
irgendwann einen Pfarrer brauchen wird, und erinnert sich
an Katharina Hoby, die sie einmal im Fernsehen gehört und
seither nicht mehr vergessen hat. In einer dieser schweren
Nächte schreibt sie dieser beeindruckenden Frau, die unter
anderem Seelsorgerin der Zirkusleute ist, und fragt, ob sie
uns begleiten würde und sich in der Lage sähe, den Spagat
zwischen dem frommen Kind und dem kirchenfernen Rest
der Familie zu machen. Katharina schreibt sofort zurück und
möchte Till kennen lernen. Vom ersten Moment an stimmt
alles zwischen uns. Wir fühlen uns aufgehoben, wenn sie bei
uns ist. Sie hat für Gott und Religion eine Sprache, die uns
nah ist und die wir verstehen.

Malin zweifelt und hadert mit diesem Gott: »Wie chönnt
er zuelaa, dass de Till Chräbs hät«, schimpft sie aufgebracht.
Und wir verstehen ihren Groll so gut. Aber irgendwann
kommt der Tag, wo sie ganz allein einen Entscheid fällt. Sie

wünscht sich, dass Katharina sie tauft, damit die Himmelswelt ihres Bruders ihr näher kommt und sie ihn besser verstehen kann. Till schließt sich ihrem Wunsch freudig an. »Dänn will ich au tauft werde«, sagt er. Kerstin und Simon beginnen mit den Vorbereitungen für dieses ganz besondere himmlische Fest auf der Terrasse des Blauen Hauses. Tills Flügel werden immer größer, er benötigt jetzt starke Schmerzmittel. Sein Gesichtsausdruck ist immer öfter abwesend, der Blick im Irgendnirgendwo. Kerstin schreibt: »Er weiß es irgendwie, und es scheint ihm keine Angst zu machen. Er weiß es und will es doch nicht wissen, will von uns Alltag und Leben mit allem Drum und Dran.«

Till beginnt, sich auch von Menschen des innersten Kreises zu verabschieden, und liegt immer öfter nur noch in Mamas und Papas Bett. Und eines Tages will er nur noch diese eine Mama-Hand halten, schafft sich Abstand, als wolle er uns jetzt schon lehren, ohne ihn weiterzuleben. Das Loslassen wird nun ganz konkret und tut entsetzlich weh. Dieser weise kleine Mensch zeigt uns wie so oft den Weg, indem er uns als Erster loslässt. Kerstin und Fränzi, seine ehemalige Krippenleiterin, verwandeln das sterile Pflegebett mit leichten, farbigen Tüchern in eine Oase des Rückzugs für unseren Kleinen. In ein Segelschiff, das ein Kind zum anderen Ufer fahren kann.

Der Tauftag im Juli 2010 ist ein Sonnentag wie aus dem Bilderbuch. Nur wenige Menschen sind eingeladen, es ist nicht mehr die Zeit für große Feste. Tills Welt wird kleiner und immer abschiedlicher. Mehr erträgt er nicht mehr. Sein geliebter kleiner Cousin Ile soll auch mitgetauft werden. Die Kinder haben sich einen der Taufsprüche ausgesucht, von denen Kerstin so viele ausgedruckt hat. Till wählt: »Ich bin

mit dir, bleibe mit dir, wohin du auch gehst« aus dem 1. Buch
Mose. Pepe spielt und singt »Prendre un enfant par la main«
von Yves Duteil, und Katharina zelebriert das schönste Tauf-
fest, das ich je erlebt habe. Jeder ihrer Sätze passt und geht
mitten ins Herz. Aus ihrer tiefen Betroffenheit entsteht eine
Verbindung zu uns, die tröstender nicht sein könnte. Ihre
Worte kommen an, wo solche Worte ankommen müssen.
Till sitzt auf seinem bunten Zauberschiff und hält seinen
kleinen Cousin ganz fest in den Armen. Jedes der Kinder
hat eine bunte Gießkanne dabei, und so mischen sich im
Taufbecken bald Wasser aus dem Bächlein im Garten des
Blauen Hauses, Wasser von Iles liebstem Diesbachfall im
Glarnerland und Wasser des Teichs der beiden Cousinen
Faye und Mia. Die Gesichter der Menschen sind traurig. Es
ist zu ernst, als dass man sich über die Nähe des Todes hin-
wegsetzen könnte. Auch Till ist sehr ernst, aber aufmerksam
und glücklich.

Am Morgen hatte Till plötzlich gesagt, dass zu einer Taufe
doch eine goldene Kette mit einem Kreuz gehöre. Ich überlegte nur ein paar Sekunden und sagte zu Heiri: »Lass uns ins
Dorf fahren, damit die beiden sich eine aussuchen können.«
Wir packten sie ins Auto und fuhren los. Unterwegs dachte
ich, dass ich es niemals für möglich gehalten hätte, einmal Kreuz-Kettchen zu kaufen für meine Enkel. Aber auf
dieser Zeitreise wird genauso viel Unmögliches möglich wie
Mögliches verunmöglicht. Die Kleinen ließen sich ihr Geschenk schon im Laden um den Hals legen. Da war so viel
Magisches mit in der Luft. Nach der Taufe essen und trinken
wir von dem wunderschönen Buffet im Blauen Haus. Unsere
Herzen sind dankbar für das Erlebte und doch schwer. Till
ist erschöpft und zieht sich wieder zurück. Am nächsten

Tag wird er sagen, dass es sich gut anfühlt, getauft zu sein. »Wie gut?«, fragt Mama. »Einfach schön anders, gut anders«, antwortet er. Mehr gibt er nicht preis. Ach, könnten wir ihn doch ins Leben zurücklieben. Ich lese Kerstins Worte: »Fast fliegt er schon, unser unendlich geliebter Schatz. Nur noch ein Hauch ist hier.« Und ich wickle mich ganz fest in meine grüne Decke.

Malin ist nachdenklich und meint, dass Till vielleicht schon mit der Aufgabe gekommen sei, die Menschen auf der Erde zu besseren Menschen zu machen. Dass es vielleicht schon immer klar war, dass er bald wieder gehen müsse. Ja, kleine Frau, vielleicht hast du recht. Was wissen wir denn schon von dem ganz großen Geheimnis des Universums?

Tills Flug

Am 3. September 2010 schreibt Kerstin, dass es für Till jetzt still sein müsse im Blauen Haus. Wer ein Zeichen des Abschieds setzen wolle, solle eine Kerze in den Garten stellen. Und schon bald kommen die ersten mit ihren Lichtern, stellen sie neben den Namen Till, den Kerstin mit weißen Laternen geschrieben hat. Sie zünden die Kerzen an, setzen sich für eine Weile, reden oder schweigen zusammen. Und Malin geht immer wieder zu ihnen, plaudert mit ihnen, erzählt, was im Haus drin gerade passiert.

Heiri und ich wollen eigentlich unsere Tante am Genfersee besuchen. Aber da ist diese drängende Stimme in mir, die sagt, dass wir den Plan ändern müssen. Also fahren wir zuerst nach Dielsdorf in Blaue Haus. Und da finden wir unseren Kleinen, der plötzlich nur noch mit großer Mühe reden kann. Kaum ist er zu verstehen, und die Angst knebelt mich. Es ist mir unerträglich, nachfragen zu müssen, was er gesagt hat, und Till dann wieder nicht zu verstehen. Kerstin stellt sofort um auf Handsprache, wie nach Tills Operation. Sie fragt, und er antwortet per Handdruck. Sie stellt um mit einer Selbstverständlichkeit, als wäre das nichts Besonderes. Mir fällt auf, dass sie nicht einmal ihre Stimme verändert, obwohl die Panik uns den Hals zuschnürt. Der Angst und der Verzweiflung einfach keinen Raum geben, das kann sie, meine Tochter. Wenn ich sie so anschaue, bin ich erfüllt von Respekt und gleichzeitig am Boden zerstört. Warum gerade sie? Warum ausgerechnet ihr Kind? Eine Antwort gibt es wie immer nicht.

Nun kommt das Ende, und alles dreht sich in meinem Kopf. Bis zum letzten Atemzug eines krebskranken Kindes kann einem niemand sagen, wie das Sterben sein wird. Und da gibt es so viele schreckliche Geschichten. »Match« haucht Till, und Heiri weiß sofort, dass er mit uns fernsehen will, weil die Schweizer heute Fußball spielen. Wir bleiben wie schon so oft über Nacht im Blauen Haus, und entgegen seiner Gewohnheit steigt ein unendlich tapferer Till die Treppe hinauf zu uns ins Wohnzimmer. Er schafft es nur mit Müh und Not, hält sich mit beiden Händen am Treppengeländer fest. Wir stellen sein Pflegebett-Schiff so hin, dass er den Fernseher sieht. Er legt sich hin. Die Augen öffnet er nicht mehr, aber wir ziehen ihm seine Zebra-Hörgerätchen an. Ganz entspannt und sanft liegt er da, hört dem Kommentator zu und lässt sich wieder berühren von uns allen. Ich platze fast vor Glück, dass er zurückgekommen ist und wieder Nähe zulässt. Ihn zu streicheln, wird zum Kostbarsten der Welt. Die Intensität der Gefühle, wissend, dass er bald fliegen wird, ist mit nichts anderem vergleichbar. Da muss es eine Verbindung von der Hölle direkt in den Himmel geben. Alle schauen wir den Match an und schaffen es auch jetzt, Normalität zu leben, inmitten dieses allerletzten Tsunamis.

Am Abend spät hat Till plötzlich hohes Fieber. Der Hausarzt kommt vorbei und stellt eine Lungenentzündung fest. Für alle ist klar, dass er jetzt fliegen wird und das auch darf. Kerstin hat zum Glück die Verantwortung für die Schmerzmedikamente übernommen und macht das ganz professionell. Wir stehen eng beisammen im Schutz der blauen Arche. Nur das zählt jetzt. Und alle bleiben wir ganz ruhig und gefasst. Was wir niemals ertragen würden, wäre, Till leiden zu sehen. Alles lassen wir uns zumuten, aber das nicht. Er liegt ganz friedlich in seinem Bett und atmet leise. Wir sind bei ihm, streicheln ihn und sagen ihm, wie unermesslich lieb wir ihn haben. Bis zum Mond und zurück. Und Malin holt all seine Stofftiere. Eines nach dem anderen streicht sie über seinen Bauch und verabschiedet es so. Die Trauer umhüllt uns wie ein dicker schwarzer Mantel, aber sie lässt auch Erleichterung zu und Dankbarkeit, dass unser Kleiner diese kranke Hülle nun verlassen darf. Dass er da war und mit uns eine so kostbare intensive Zeit gelebt hat. Die Tiefe muss jetzt mehr Bedeutung bekommen als die Länge seines kleinen Lebens. Weil Leben nicht mehr seine beste Option ist. Heute darf er zum Schmetterling werden und davonflattern.

Es kommen einige von Tills liebsten Menschen, um ihm Tschüss zu sagen. In diesem bodenlosen Schmerz wohnt auch ein großer Friede. Er ist da und breitet sich in uns aus. Und er erfüllt das ganze Blaue Haus und die Herzen derjenigen, die untröstlich und voller Schmerz sind, weil es so entsetzlich unfair ist, dass dieses wunderbare, geliebte Kind uns verlassen muss. Und während sich der Himmel über uns so weit öffnet wie nie zuvor, fliegt Tills wunderbare Seele zu den Sternen. Kerstin öffnet das Fenster weit, so wie der Kleine sich das vorstellte. Seine Reise hier unten ist zu Ende. Till muss gewusst haben, dass es nun so weit ist. Warum sonst hatte er heute Morgen Mamas Hand losgelassen, sie sogar ein bisschen zur Seite geschoben? Er hat losgelassen, ohne Angst. Weil er bereit war für seine Reise zu den Sternen. Sein großes Geheimnis nahm er mit. Er hat uns seinen Sternenreiseplan nicht verraten. Aber er ließ ihn uns erahnen. Till schenkte uns zum Abschied diese tröstliche Sicherheit, dass er nur die Seite wechseln wird. Dass er wegfliegt, um anzukommen, dort, wo wir uns alle irgendwann wiederfinden werden.

Draußen im Garten flackert das Lichtermeer, entstanden in Kerstins allergrößter Not. Nichts hätte tröstlicher sein können, als diese Kerzen zu sehen und zu wissen, dass hinter jeder einzelnen Menschen stehen, die uns auch jetzt spüren lassen, dass sie bei uns sind. Menschen, die uns ihre Wertschätzung und Liebe zeigen, indem sie in diesen Garten kommen, einige sogar von weither. Wir wissen jetzt, dass ein Lichtermeer trauernde Menschen tragen kann. Aufgewühlt lese ich spät in dieser Nacht Kerstins Worte: »Was ist das für ein wahnsinniger Auftrag des Lebens, wenn man ein Kind in den Tod statt ins Leben begleiten muss? Und doch haben wir es geschafft, mussten wir es schaffen, aber nur zusammen mit euch allen. Till musste seine Würde nie verlieren. Er fehlt unendlich, war nur gut und hat dem Leben so wenig abverlangt. Sein Tod ist und bleibt entsetzlich unfair, solange wir leben. Till durfte gehen, ganz sanft und im richtigen Moment. Er hat einfach ausgeatmet. Da war nichts Schweres. Nur ein letzter Atemzug.«

Auch das ein Stück Himmel

Till hat seinen Körper verlassen. Seine Eltern entscheiden, dass er die vier Tage bis zur Erdbestattung im Blauen Haus bleibt. Weil es Kulturen gibt, wo man sagt, dass die Seele noch eine Zeit lang in der Nähe des Körpers bleibt, und weil er einfach noch zu uns gehört und nicht in ein Totenhäuschen. Ganz friedlich liegt der kleine Mann jetzt in seinem grünen Bett, und Simon drückt ihm sein geliebtes Bärli in die Hände. Dann fallen wir alle in seiner Nähe in einen tiefen, erschöpften, bleischweren Schlaf. Im Traum höre ich die Sterne vor Freude in die Hände klatschen. Till ist angekommen.

Wir haben es geschafft, ihn als glückliches Kind in den Flug zu begleiten, und daran halten wir uns fest, wie an einem Seil über dem Abgrund. Dass er für immer seine Augen geschlossen hat, bleibt unvorstellbar, denn das sprengt jeden Rahmen. Winter bricht ein in unsere Herzen, und wir frieren, weil der Tod so endgültig ist. Ich wickle mich ganz fest in eine von Tills grünen Kuscheldecken, die längst zum Pflaster wurden für diese Wunde. Und doch sind auch schon erste Zeichen eines Frühlings im Raum. Die existenzielle Angst um Till, die mich vier Jahre lang Tag und Nacht in Schach hielt, lockert ihre Krallen. Ich kann jetzt wieder tief durchatmen. Unser kleiner Mann ist jetzt in Sicherheit, und ich muss mich nie mehr um ihn sorgen. Er ließ uns irgendwie glauben, abgeholt zu werden, und lehrte uns, dass man ohne Angst in einen anderen Zustand übergehen kann. Wie unsagbar tröstlich, das in dieser Klarheit erlebt zu haben. Tills Abschiedsgeschenk wird uns und ganz vielen Menschen Boden und Hoffnung geben für ihr eigenes Weiterleben und Sterben.

Am nächsten Tag kommt die Fährfrau, die die Menschen ganz besonders einfühlsam und persönlich vom einen Ufer zum andern begleitet. Kerstin hat sich schon lange mit ihr abgesprochen, weil wir eine Bestattungsfrau hier brauchen, die passt, versteht und genau so handelt, wie wir Dünnhäutigen es wollen und brauchen. Malin darf ihren Bruder waschen, mit Rosenöl einsalben und seine Kleider aussuchen. Sie macht das behutsam und zärtlich. Ihr unbeschwertes Plaudern mit der lieben Fährfrau ist Balsam für uns. Simon organisiert einen schlichten Holzsarg und Farben. Malin wird ihn mit großen Pinseln dekorieren draußen im Garten. Sie malt einen Regenbogen auf den Deckel und zehn Herzen ins Innere für zehn Glücksjahre. Auf der Seite hinterlässt sie ihre bunten Handabdrücke. Wir sehen sie malen, hören sie lachen und spüren irgendwie, dass das Leben weitergehen wird. Die wunderschönen Farben ihres Regenbogens fliegen in unsere Herzen. Für Malin werden wir stark bleiben, weil sie nun so sehr ein gutes Leben braucht, ohne die Wärme und Nähe ihres innigst geliebten Bruders. Plötzlich kommt die kleine Malerin und sagt, dass diese Kiste nun Regenbogenhülle heiße, weil sie das Wort Sarg nicht möge. Regenbogenhülle, eine schönere Bezeichnung könnten wir uns grad nicht vorstellen. Wir sind tief berührt, und mir wird einmal mehr bewusst, dass man nie aufhören darf, von den Kindern zu lernen. Ich denke an das Lied »Somewhere Over the Rainbow« und an die Fassade, auf die jemand sprayte: »Ohne Kinder wär die Welt eine Wüste«. Wie wahr! Malin möchte Till sein Bärchen und das Tigerkissen nicht mitgeben in die Hülle. Weil niemand so viel Trost und Kraft brauche grad wie sie. Wie wahr und klar, auch das!

Viele liebe Menschen kommen in Tills Zimmer für ein letztes Bild von ihm, um ihm Tschüss zu sagen und Danke. Sie erzählen uns, dass sie so viel fürs Leben gelernt haben auf dieser Reise. Und einmal mehr, dass sie viel mehr bekommen als gegeben haben. Tröstlicher können keine Worte sein als diese. Viele bringen ihm etwas Kleines mit, einen Brief oder etwas, das ihnen ganz besonders kostbar erscheint. Till bleibt auch jetzt umgeben von Liebe und abschiedlichen Streicheleinheiten. Alle fühlen sich wohl bei uns, lassen ihren Gefühlen freien Lauf. Es ist auch in diesem schwersten Moment eine gute Welt, die wir da geschaffen haben. Da sind Nähe und Tiefe zwischen Menschen möglich, wie ich es nie zuvor kannte. Auch das muss ein Stück Himmel sein.

An den kommenden Abenden wiederholt sich im Garten dieses ganz besondere Ritual. Menschen kommen und zünden Kerzen an. Das Lichtermeer erfüllt unsere Herzen und unser Haus. Inmitten dieser Stille pflanzen mein Bruder und seine Frau im Gedenken an Till ein Apfelbäumchen. Die Dankbarkeit, auch in dem neuen Leben ohne ihn nicht allein zu sein, breitet sich wie ein seidener Boden unter uns aus, und staunend wagen wir darauf die ersten unsicheren Schritte unserer neuen Zeitreise. Wir sind nun zur Familie und zu Freunden eines Sternenkindes geworden. Auch in Zukunft werden wir ihm, wo immer wir auch hinreisen, etwas

Schönes mit heimbringen, weil wir uns vom Tod niemals alles nehmen lassen. Malin möchte nicht länger sagen, dass Till gestorben sei, sie findet »züglet«, umgezogen, das viel schönere Wort. Sie freut sich immer, wenn sie verstaubte alte in farbige neue Begriffe verzaubern und uns damit zum Schmunzeln bringen kann. Wie recht sie hat, unsere kleine Frau, und wie wahr, umziehen kann kein Ende bedeuten. Auch in diesem Wort wohnt die Hoffnung, dass es weitergeht. Irgendwo und irgendwie.

Die täglichen Worte meiner Tochter gehen wie immer direkt ins Herz: »Ein Licht neben dem andern, und immer mehr folgen. So viel Licht und Herzenswärme, und ich schaue immer wieder hin. Ich frage mich, ob sich die Menschen, die da waren und ein Licht brachten, überhaupt vorstellen können, wie unendlich fest das tröstet, wie unendlich fest das die Herzen wärmt, wie unendlich viel Mut das macht und wie unendlich kostbar das ist, dieses Spüren, nicht allein zu sein, dass so viele Menschen hinter uns stehen. Till lebt in uns weiter. Mehr können wir nicht wollen. Danke allen, die ihn im Herzen tragen.«

Gut Nacht, ihr Goldschätze

Nur im kleinsten Kreise werden wir Till in sein Sternenkind-gärtchen betten. Katharina Hoby wird da sein und Heiri Tills so geliebtes »Am Himmel staht es Sternli«-Lied spielen und für ihn singen. Malin besteht darauf, ihren Bruder auf seiner letzten Reise durch das Dorf zu begleiten. Zuerst ist das Bestattungsamt skeptisch, aber dann findet sich eine Lösung, und man schickt uns statt zweier Männer eine Frau mit dem Leichenwagen. Malin legt Tills grüne Decke in den bemalten Sarg und hüpft schnell hinein, um zu prüfen, ob es warm genug sein wird für ihn. Als sie lacht, wird mir einmal mehr so klar, wie verloren wir wären ohne sie. Ich höre, wie Simon den Sarg zunagelt und halte mir weinend die Ohren zu. Es gibt keine erbarmungslosere Aufgabe für einen Papa als diese. Jeder Schlag schmerzt. Malin begleitet ihren Till zur ewigen Ruhe, dreht zuvor mit der Frau vom Regen-bogenhüllen-Auto noch eine Runde um seine Schule. So ist sie, unsere kleine Frau Bärenstark, und ich bewundere sie zutiefst. Mit großer Selbstverständlichkeit ist sie jeden Weg mit ihrem Bruder gegangen, auch diesen allerletzten von heute. Später wird sie schreiben: »Ich habe meinen Bruder bis zu seinem letzten Tag begleitet. Ich habe auch seinen Sarg angemalt. Ich habe Till sogar mit dem Leichenauto bis zum

Friedhof begleitet, denn ich wollte nicht, dass mein Bruder allein fahren muss. Das darf man eigentlich nicht, doch es war mir ganz wichtig.«

Malin kommt mit Till am Friedhof an. Unsere Männer tragen den Sarg vom Auto ans Grab. Katharina spricht, und alles erscheint unwirklich. Wir werfen Rosenblätter, und es ist, als wär ich im falschen Film. Irgendwann sitze ich eng umschlungen mit meiner Tochter auf der Friedhofswiese, und der Schmerz schüttelt uns. Malin sitzt ruhig und in Sicherheit auf den Knien von Kerstins Cousine Anja. Sie, die alles getan und alles gegeben hat für ihren Bruder, sagt jetzt: »Wenn mich jemand fragt, ob ich Geschwister habe, dann sage ich, ja, einen Sternenbruder.« Ihr kleiner Cousin Ile will wissen, wie Till aus seinem Sarg wohl zu den Sternen geflogen sein mag, und gibt sich die Antwort grad selbst: »Er hat sich von einem großen rosaroten Vogel die Flügel ausgeliehen.«

Dass Kinder den Tod eines Freundes oder Geschwisterchens so nah und wahrhaftig erleben dürfen, ist für mich eine ungemein kostbare Erfahrung. Wie tröstlich, dass die Gesellschaft sich bewegt hat und so vieles heute anders angepackt werden kann, man die Chance hat, offen und ehrlich einen Abschiedsweg zu gehen. Wie gut, dass es heute Tanten gibt, die so schwer verletzte Geschwister in die Arme nehmen und sich einfach mit ihnen auf die Wiese setzen. Und wie beruhigend, dass man sich jederzeit kompetente Hilfe holen kann, wenn man nicht weiterweiß. Da sind stets Ansprechpersonen, die es gelernt haben, Menschen zu helfen, die den Boden unter den Füßen verlieren. Früher gab es eine fatale Sprachlosigkeit zwischen den Großen und den Kleinen, die so vieles verunmöglichte, und gesellschaftliche Tabus, die allem, auch der Trauer, einen engen Rahmen setzten.

Als 1952 meine vierjährige Schwester Elisabeth starb, durften meine zwei Jahre ältere Schwester und ich nicht an der Abdankung teilnehmen. Wir waren bei fremden Menschen untergebracht und sahen zufällig aus dem Fenster, als unten der Leichenzug vorbeizog. Vorne liefen die Pferde, die den kleinen weißen Sarg mit Elisabeth zogen. Dahinter unsere gebrochenen Eltern. In dieser Zeit war es nicht üblich, sich trauernder Kinder anzunehmen. Elisabeth war zuvor zwar in der Stube aufgebahrt worden, und es kamen ganz viele Menschen. Aber meine große Schwester und ich versteckten uns voller Angst unter dem Klavier, weil wir nicht wussten, was um uns herum geschah. Etlichen Menschen meines Alters bin ich inzwischen begegnet, die auch ein Geschwister verloren haben, über das nie mehr gesprochen wurde. Bis ins Alter bleiben Verlust und Trauma unverarbeitet. Damals dachte man eben, das Beste sei, nicht mehr darüber zu reden und uns möglichst von allem Traurigen fernzuhalten. Niemand wollte später herausfinden, weshalb ich jahrelang unter Albträumen litt und jede Nacht schrie, weil angeschirrte Wölfe mich im Leiterwagen wegbrachten. Erst im Zusammenhang mit Tills Tod las ich, dass Kinder mit der Angst zurückbleiben, entführt zu werden wie das tote Schwesterchen oder Brüderchen.

Tills kurzes Leben zieht wie ein Film an mir vorbei. So, wie er war, bleibt er tief in uns. Für immer und ewig. Ohne ihn steht die Kuckucksuhr still, weil seine Zeit im Blauen Haus zu Ende ist. Rudi, ein lieber Nachbar des Blauen Hauses, öffnet sein Gasthaus für uns alle. Es tut gut, in Liebe noch zusammen zu sein. Alle werden wir einzeln diesen entsetzlichen Verlust verarbeiten müssen. Alle werden wir eigene Wege suchen und finden müssen. Aber gemeinsam werden wir stark bleiben. Wir haben etwas geschafft, was andere nie müssen. Ein Kind in den Flug begleiten. Ein Kind, das bis zum Schluss sagte, es gehe ihm gut. Daran werden wir uns aufrichten und halten. Und daran werden wir anknüpfen, für ein neues Morgen mit Sternenkind Till im Herzen.

Kerstin schreibt: »Da seid ihr, die ihr kommt und verloschene Kerzen wieder anzündet, jeden Abend. Einen frischen Zopf vor die Tür stellt oder ein feines Essen für uns alle. Ihr, die ihr uns die liebsten und tröstlichsten Worte schreibt und Kerzen auf euren Tischen leuchten lasst. Ihr seid der Himmel auf Erden, auch jetzt und heute. Gut Nacht, ihr Goldschätze.« Kerstin beschenkt die Menschen, die diesen dornigen Weg mit uns gegangen sind, mit Worten, schön und zart wie weiße Rosen. Ihre sanftmütige kluge Güte macht diese Welt zu einer besseren.

Lachen, bis die Sterne wackeln

Tills Abdankung findet zehn Tage später in der Kirche Bülach statt, weil diese groß genug ist für all die Menschen, die kommen wollen. Zusammen mit Katharina Hoby werden wir auch das schaffen. Vor der Kirche sind an großen Stellwänden unzählige Briefe aufgehängt, in denen die großen und kleinen Till-Freunde schreiben, was ihnen von ihm bleiben wird. Es sind berührende Botschaften über den Sinn dieses kleinen Menschenlebens, das so jäh abgebrochen wurde und nun doch irgendwie gerundet erscheint. Die Kirche ist voller lieber Menschen, die sich von Till verabschieden. Nichts ist so tröstlich wie die Anwesenheit derer, die mit uns trauern, und jedes Gesicht ist uns Wertschätzung.

Wieder weiß Katharina genau das Richtige zu sagen. Mit bewegenden Sätzen erzählt sie Tills Reise zu den Sternen. Die Fotos, die Musik, die Worte – alles passt und harmoniert. Nils und Simons Mutter Therese lesen ihre herzergreifenden Texte vor zum Thema »Was bleibt«. Andrew Bond macht uns die riesige Freude und singt persönlich mit den Kindern einige seiner feinfühligen Lieder, die uns so wichtig wurden auf dem schweren Weg. Und Heiri spielt und singt sein wunderschönes, selbst komponiertes Lied über Till, der doch so tapfer gekämpft hat: »Du bisch es Vorbild, e richtige

Held / ja, du häsch üs zeiget, was da würggli zelt.« Nach der Abdankung lässt Malin einen Marienkäfer von ihrer Hand fliegen, schaut ihm nach und sagt: »Falls ich je wieder ein Geschwisterchen bekomme, wünsche ich uns nur, dass es nie krank wird.« Mein ganzer Körper schmerzt. Till wird nie mehr zurückkehren.

Kerstin und Simon fahren sofort nach der Abdankung weg. Sie brauchen Ruhe und Distanz jetzt und verbringen das Wochenende in einem schönen Hotel. Heiri und ich übernehmen Malinchen. Wir drei sind eingeladen bei wunderbaren Menschen in Dielsdorf, bei denen wir diesen traurigen Abend verbringen dürfen. So dankbar sind wir, dass sie uns ihre Tür ganz weit aufmachen und uns alle einfach aufnehmen in ihre großen wärmenden italienischen Herzen.

Nachts lese ich Kerstins Till.Mail: »Wir liegen da mit dem Gefühl, dass es gut war heute. Dass es unendlich traurig, aber gleichzeitig schön, tröstlich und hoffnungsvoll war. Es ist uns gelungen, diesen Abschied so zu gestalten, wie Till, wir und ihr alle auf unserem Boot ihn verdient habt. Er fehlt, unser Kleiner. Aber alle sind wir so ruhig, haben Boden, weil das Ganze so friedlich war und stimmig. Tills letzter Tag, sein Flug, die drei Tage, an denen er noch bei uns war, die Erdbestattung, die Abdankung. Da war kein Raum für Horror oder schlimme Bilder. Es war nur friedlich und tröstend. So viele berührende Bilder bleiben uns aus diesen Tagen. Wir konnten so fest noch bei und mit ihm sein. Machs gut, mein innigst geliebter kleiner Mann. Hab so fest dieses Gefühl, dass es dir gut geht. Wo auch immer du jetzt bist, du bleibst mir ganz nahe.« Wären da noch Tränen, würden sie fließen. Kerstins wunderschöne Worte, ihre Ruhe und Kraft gehen auf mich über, und ich schlafe dankbar ein.

Am nächsten Tag fahren Heiri und ich mit Malin, ihren beiden Cousinen und dem kleinen Ile nach Österreich auf einen Bauernhof. Die vier Kinder sind so lieb und brav, genießen das Zusammensein und ihr kleines gemeinsames Abenteuer. Sie haben ihre Trottinetts dabei und sausen lachend damit herum. »Wie Gummibärchen sehen sie von weitem aus, in ihren bunten Kleidern und Stiefeln«, sage ich zu dem, den ich liebe, und unsere schweren Herzen werden warm. Ganz fest halten wir uns an der Hand. Die Zeiger der Uhr drehen sich weiter, trotz dieser blutenden Wunde, weil einer fehlt, der doch Teil dieses fröhlichen Grüppchens sein müsste.

Ile war im Dezember 2007, einen Tag vor Tills achtem Geburtstag, zur Welt gekommen, fast ein Weihnachtsgeschenk. Till mochte ihn so, diesen sanften kleinen Bergler, den ich eine Zeit lang einen Tag pro Woche betreute. Fast jeden Donnerstag nahmen Ile und ich den Zug und fuhren zu Till ins Blaue Haus nach Dielsdorf. Wir beide liebten diese Zugreise, zu der immer auch das Päckli Gummibärli als Proviant gehörte. Inmitten dieser Ungewissheit, wie viel Zeit Till noch bleiben würde, wollte ich den beiden Jungs noch so viele gemeinsame Stunden wie nur möglich schenken. Till freute sich so, wenn wir kamen. Er liebte es, den Kleinen neben sich zu haben und ihn zu streicheln.

Ile war immer dabei auf Tills letztem Weg. Wir sind Nils und Marielle so dankbar, dass sie ihr Kind ohne Angst und Vorbehalte teilnehmen ließen an allem, was Till geschah. Sie waren voller Vertrauen in uns und Ile, dass dies der richtige Weg ist auch für den Kleinen. Ein paar Tage nach der Erdbestattung wollte Ile sein Spielzeugauto wiederhaben, das er seinem Freund in die Regenbogenhülle mitgegeben hatte.

Unser kleiner Meister im Lösungen-finden-für-Unmögliches meinte: »Vielleicht wirft Till es heute wieder herunter«, und lachte dazu sein herzerwärmendes Lachen.

Noch heute ist Ile innig verbunden mit Till und spricht immer wieder von ihm. Er glaubt fest daran, dass Till irgendwann zurückkommt, und macht sich Gedanken dazu. »Vielleicht könnte ich ihn mit einem Flugzeug holen, mit einem selbst gebauten Jet direkt vom Blauen Haus aus. Oder wenn es dort irgendwo einen ganz hohen Baum gibt, könnte er doch wieder herunterklettern«, meint er hoffnungsvoll. An Weihnachten kaufe ich Glückwunschkarten, und der Dreijährige fragt, ob er eine haben könne, für Till. Er setzt sich an sein weißes Kindertischchen und malt Bögen, »Schnüerlischrift« nennt er das, und als ich frage, was er seinem Cousin denn schreibe, antwortet er: »Dass er in unserem Herzen ist.« Und da er gerade sein geliebtes Eisbärenkostüm trägt, meint er plötzlich: »Meme, schreib ihm doch bitte noch liebe Grüße vom Eisbären dazu, dann muss Till sicher lachen, bis die Sterne wackeln.«

Nach dem Sturm

Nach Tills Flug bleiben Schmerz und Leere. Vier Jahre lang waren die Stunden, Tage, Wochen und Monate ausgefüllt mit Angst, Sorge, Malins Betreuung und Tills Pflege. Und dann der Schnitt, plötzlich ist sein Erdenplatz bei uns leer. Statt an unserer Hand ist er in unserem Herzen. Kerstin schreibt: »Er fehlt, und es schmerzt. (…) Was bleibt, ist viel Mut, dieses neue Leben anzupacken, viel Mut, zu sagen, was zu sagen ist, zu tun, was zu tun ist, und loszulassen, was loszulassen ist. Wir haben ganz viel erlebt und gelernt, begriffen und verstanden oder auch nicht verstanden. Jede Menge Ängste, Hoffnungen und Sicherheiten mussten wir über Bord werfen, um das alles zu schaffen und zu ertragen. Mehr konnten wir weder tun noch wollen. Das hilft uns jetzt.« Ich lese und fühle mich meiner Tochter ganz nah.

Schritt für Schritt müssen wir uns wieder einfädeln in den neuen Alltag ohne Till, jeder auf seine eigene Weise und im eigenen Tempo. Geblieben ist uns der gegenseitige Respekt und ein tiefes Gefühl der Verbundenheit. Wir haben vieles zusammen durchgestanden und waren trotzdem immer wieder gezwungen, mitten im Orkan auf eigenen Beinen zu stehen. Und dort haben wir etwas ganz Wesentliches begriffen: dass wir uns in unserer Verschiedenheit ergänzen statt voneinander entfernen und dass wir nur gemeinsam wirklich stark sind. Diese Erkenntnis packen wir als eine unserer kostbarsten Erfahrungen in unseren Lebensrucksack. Der wiedergewonnene Freiraum gibt nun die Möglichkeit, durchzuatmen und uns neuen Lebensinhalten zu öffnen. Wie froh bin ich, in den Jahren seit Tills Krebsdiagnose gelernt zu haben, vieles auch allein zu schaffen und geerdet zu bleiben. Das hilft mir jetzt, mit seinem Tod zurechtzukommen. Die Grenzerfahrung hat mich stark gemacht und eigenständig.

Nach so einem Schicksalsschlag beginnt ein langer Weg zurück zu sich selbst. In die alten Spuren treten kann man nicht, weil diese zu klein geworden sind für unsere Füße. So manches hat an Bedeutung verloren, anderes ist in den Vordergrund gerückt. Der Boden, auf dem wir vorsichtig weitertäppeln, ist ein anderer, auch das Laufen fühlt sich neu an. Die Farben unserer Emotionen, unsere ganze Wahrnehmung hat sich verändert. Wir besitzen nun zum Glück eine dicke Haut, an der vieles abprallt, das früher wehtat. Gleichzeitig ist die Haut aber auch hauchdünn, und manchmal sind wir nur Schmerz und sonst gar nichts. Die Angst vor einem neuen Schicksalsschlag hat sich festgesetzt in uns, und es bleibt uns nichts anderes übrig, als mit ihr zu leben. Vieles wird nie mehr sein wie vorher, und diese Erkenntnis tut uns weh. Wenn ein Kind stirbt, verliert das Leben irgendwie seine Unschuld.

Wir erleben aber auch, dass Menschen die Fähigkeit haben, solche Ereignisse zu überstehen und zu verarbeiten. Mir ist es, als würde das Leben kuschelige Till-Decken über meine tiefen Wunden legen, sodass ich zwar ihr Pulsieren noch spüre, aber nicht mehr vor Schmerz versteinere. Wenn dann wieder so eine Böe kommt und die schützende Decke wegreißt, ergebe ich mich und halte die Trauer einfach aus. Ich weine dann, wo immer ich bin, und weiß, dass auch dieser Sturm sich legen wird. Wenn man in seiner Trauer den Gefühlen ihren Raum und ihre Existenz zugesteht, dann wird man nicht so schnell krank. Daran glaube ich noch immer.

Was bleibt, ist auch die Erkenntnis, dass man offen und klar kommunizieren muss, dass man sagen darf, was man braucht und was man nicht möchte. Mutig und vertrauensvoll bat Kerstin um Hilfe, holte all diese guten Menschen an Bord, die sie dann so liebevoll betreute. Niemals hielt sie deren Hilfe für selbstverständlich und zeigte immer wieder ihre Dankbarkeit, indem sie kleine Aufmerksamkeiten verteilte, ihnen schöne Karten schickte, auch im größten Sturm. Kerstin wagte es auch, Neuland zu betreten und sinnentleerte Normen zu entsorgen. Wie oft ertappte ich mich dabei, dass ich dachte, dieses oder jenes sei doch zu viel verlangt oder tue man nicht. Aber sie tat es einfach, und kaum jemand hielt es für unangebracht. Ich sah, hörte zu und merkte immer wieder, dass ich von Haltungen geprägt bin, die bremsen statt vorwärtsbringen.

Vom ersten Tag an hat Kerstin gefilmt und fotografiert, auch im Spital, während Tills Therapien. Ich erinnere mich noch gut, dass ich damit Mühe hatte, weil man eine Krankheit, das Sterben doch nicht in Bildern festhält. Meine Tochter ignorierte das mit bewundernswerter Leichtigkeit und schuf so beeindruckende Zeugnisse, die uns über Tills Tod hinaus erhalten blieben und heute trösten, weil darin auch so viel Lachen und Glück dokumentiert ist. In Kerstins Schatten begann ich zu wachsen, mutiger zu werden und mich ebenfalls von unnützen, einengenden Regeln zu verabschieden. Ich ließ mich überzeugen, weil alles, was sie anpackte, tatsächlich funktionierte. Nichts hat sie auf Sand gebaut, meine Tochter.

Ein großes Anliegen war es Simon und Kerstin auch, dass die beiden Kinder die gleiche Aufmerksamkeit bekamen. Till durfte nicht dauernd im Vordergrund stehen, auch Malins Bedürfnisse mussten jederzeit wahr- und ernst genommen werden. Und bekam Till etwas geschenkt, durfte seine Schwester nicht leer ausgehen. Auch das musste ich erst verstehen lernen. Inzwischen weiß ich, wie gut und wichtig das war: Nie habe ich erlebt, dass Malin eifersüchtig war auf ihren Bruder.

Vier Jahre Sturmleben haben so vieles verändert in uns und um uns herum. Da sind vertraute Menschen, die uns zu Fremden wurden, weil wir keine gemeinsame Sprache fanden, um den Graben, der uns plötzlich trennte, zu überbrücken. Und weil wir es nicht schafften, unserer Enttäuschung die Schärfe zu nehmen. All das Ungesagte, Ungefragte, Ungetane und Unbeantwortete steht wie ein Abgrund zwischen uns. Inzwischen haben wir aber auch gelernt, dass jede Sturmfamilie das Verlassenwerden kennt, und das zu wissen, ist hilfreich. Egal, was man tut oder nicht tut, sagt oder eben nicht sagt, es wird immer Verwandte, Freunde, Nachbarn, Arbeitskollegen geben, die auf Distanz gehen oder sich ganz entfernen. Die meisten Sturmfamilien verbindet die tröstende Erkenntnis, dass Türen zugehen und neue sich öffnen. Das Leben nimmt, und das Leben gibt.

»Irgendwann werden Simon und ich nochmals heiraten«, schreibt Kerstin in ihrer Rundmail nach Tills Flug, »weil es einfach nicht selbstverständlich ist, dass wir noch zusammen sind, es immer gut und friedlich haben, nach diesen strengsten Jahren. Das verdient es, einmal gefeiert zu werden, und zwar kitschig ohne Ende, mit allem, was dazugehört. Malinchen lacht dann immer und stellt sich vor, wie sie mit ihren Cousinen den Schleier halten wird. Und ich sage Simon, dass Hunderte von Laternen brennen müssen, wie im Film ›Mamma Mia!‹. Wir brauchen schöne, hoffnungsvolle Bilder, um dieses Entsetzliche zu überleben.« Die beiden haben es auch gewagt, Malins größten Wunsch zu erfüllen. Im Juli 2012 bekam sie, die immer wieder betonte, dass sie ein Geschwisterkind und kein Einzelkind sei, eine kleine Schwester. Neele ist für uns alle ein Geschenk des Himmels. Mit ihr sind viel Liebe und Fröhlichkeit zurückgekommen, und sie flutet unser Leben mit neuem Glück. Wenn sie die Fotos ihres Sternenbruders anschaut und streichelt, mag Malin nicht ausschließen, dass die beiden sich bereits kennen. Wir Großen denken dann einmal mehr: Was wissen wir denn schon.

Wir hatten viel Glück in all unserem Unglück. Das ist uns bewusst. Wie viel schwieriger wäre es allein schon gewesen, wenn die Familie dringend ein zweites Einkommen benötigt hätte. Kerstin konnte all diese Jahre die Hauptverantwortung für die Betreuung der Kinder übernehmen und die komplizierte Logistik während des Sturmlebens organisieren. Dank Simons Erwerbsarbeit war immer genug Geld da, um den kleinen Mann und seine Schwester mit allem zu versorgen, was ihnen gerade guttat. Da ist zum Beispiel dieses lichtvolle, geräumige Eigenheim in Dielsdorf, dessen Glaswände eine direkte Verbindung zur Natur und zu den Nachbarskindern ermöglichten. Wie viel mühseliger und trostloser wäre das in einer kleinen, engen Mietwohnung gewesen. Und wann immer einer der vielen Wäscheberge abgearbeitet werden musste, waren wir so dankbar, eine eigene Wasch-maschine und einen Tumbler zu haben. Wie schaffen das Menschen, die nur einmal in der Woche waschen dürfen? Die keine gute Fee für den Hausputz einstellen können? Die kein Geld für ein Taxi haben, wenn es einmal schnell gehen muss? Und die es sich nicht leisten können, all die steril in Cellophan verpackten Bücher, CDs und Spiele zu kaufen, damit ihr Kind trotz strenger Isolation und Keimfreiheit etwas zu lesen und zu lachen hat?

Was bleibt, ist deshalb auch diese Botschaft: Lasst einander nicht allein, wenn die Stürme des Lebens einem Menschen innert Sekunden den Boden unter den Füßen weg-ziehen. Es gibt so viele Sturmfamilien, die allein sind, viel zu allein, die keine Kraft mehr haben, auf andere zuzugehen, und die niemand mehr besucht. Die Diagnose Krebs kann jeden treffen. Und dann ist man plötzlich selbst auf Hilfe angewiesen, besonders wenn Kinder involviert sind. Niemand hat ein Anrecht darauf, einfach wegzuschauen, wenn andere in Not geraten. Wir sind nicht nur für das verantwort-lich, was wir tun, sondern auch für das, was wir nicht tun.

Drei Generationen unterwegs

Es war nicht sofort klar, was ich aus diesen aufgezwungenen und dann doch bereichernden Erfahrungen machen sollte. Es wäre durchaus verständlich gewesen, wenn ich nie mehr etwas mit dem Thema Kinderkrebs hätte zu tun haben wollen. Immer stärker spürte ich aber, dass sich zu viel Wissen und Erfahrung angesammelt hatte, um es einfach beiseitezulegen. Was mir und uns widerfahren ist, würde ohnehin in jeder Zelle meines Körpers gespeichert bleiben. Einen Schlussstrich zu ziehen, wäre für mich kein heilsamer Weg gewesen. Und da gab es ja auch noch immer diese Vision von einer Anlaufstelle, wo sich Großeltern schwer kranker oder verstorbener Enkelkinder untereinander austauschen können. Wie viele Bücher habe ich gelesen über Krankheit und Tod. Und immer war ich auf der Suche nach einem Buch, das von einer Großmutter geschrieben wurde. Ich wollte unbedingt wissen, wie so ein schwer verletztes Großeltern-Leben weitergehen kann, mir Mut und Hoffnung holen in ihrer Geschichte. Aber ich fand keines.

Dann schenkten mir Kerstin und Simon zum Muttertag 2011 die Website www.sternenkinder-grosseltern.ch und alle nötigen Anleitungen für deren Bearbeitung. Meine Tochter bot mir an, alles Technische zu übernehmen. Ganz aufgeregt und mit klopfendem Herz betrat ich eine neue Welt. Ich begann, Texte zu schreiben, und Kerstin stellte die passenden Bilder dazu. Sie vernetzte die Website auch mit Fachstellen im deutschsprachigen Raum. Der Bedarf scheint groß, denn die Resonanz ist überwältigend. Viele Sternenkinder-Großeltern schreiben mir seither ihre Geschichten und Erfahrungen, mit einigen telefoniere ich auch und begleite sie für kürzere oder auch längere Zeit. Manchmal werden daraus Freundschaften. Gelegentlich treffen Heiri und ich uns auch mit einem Großelternpaar. Dann kann es passieren, dass die Frau uns sagt, ihr Mann habe noch nie so offen über dieses Thema gesprochen. Und es freut uns dann einfach, dass wir etwas bewegen konnten. Einmal rief uns ein Großvater aus dem Appenzell an, um über seinen so plötzlich verstorbenen Enkel zu reden. Dass sich Männer bei uns melden, kommt nicht oft vor und ist sehr berührend.

Mit Kerstin im Rücken habe ich mich inzwischen auf Facebook eingerichtet, wo ich nun sehr viele betroffene junge Mütter erreiche. Das sind für mich kostbare Kontakte, weil wir nur im gegenseitigen Austausch generationenübergreifende Einsichten haben und Lösungen finden können. Die sturmgeplagten jungen Mütter und Väter holen sich heute nicht unbedingt bei ihren Eltern Rat. Vieles verändert sich, Traditionen werden hinterfragt. Es sind unsere Kinder, die am Puls der Zeit stehen und wissen, was ihr Kind braucht. Manchmal wäre ich selbst gern öfter bei Till gewesen oder mit den vieren in die Ferien gefahren. Ich musste aber mit diesen Sehnsüchten leben lernen, denn es waren nur meine, und im Grunde verstand ich, dass die Kleinfamilie auch unter sich sein musste und Distanz brauchte. Wir Großeltern dürfen das nicht persönlich nehmen und mit unserem Platz in der zweiten Reihe hadern. Wenn es uns in schwierigen Zeiten zu viel wird, dann müssen wir selbst unsere Rettungsringe organisieren. Ich habe an die Tür des Spitalpsychologen geklopft, wenn mich zum Beispiel Zweifel bezüglich des Sinns einer hoch dosierten Chemotherapie überfielen oder Fragen nach dem Warum quälten. Wie er sich freute, zum ersten Mal eine Großmutter beraten und begleiten zu dürfen!

Kerstin hat ebenfalls eine Vision verwirklicht. Mit www.herzensbilder.ch schuf sie in ganz kurzer Zeit eine Plattform für Familien, die Fotos von ihrem schwer kranken, schwer behinderten oder still geborenen Kind machen lassen wollen. Es gibt immer mehr Fotografen, darunter die besten der Schweiz, die sich bei herzensbilder.ch engagieren. Mit ihren kostenlosen Aufnahmen machen sie den Familien ein unschätzbares Geschenk. Weil alles, was bleibt, wenn der Sturm vorbei ist, die Erinnerungen sind und die Fotos. Das Echo ist überwältigend, auch aufseiten der Fotografen. Dass diese bereit sind, sich auf die Extremsituation einer Sturmfamilie einzulassen, und danach sagen, dass es einer der bewegendsten Tage ihres Lebens gewesen sei, ist großartig. Für die Umsetzung ihrer Herzenbilder-Vision wurde Kerstin im Februar 2014 zur »Heldin des Alltags« gewählt.

Malin, die sich all die Jahre nach Kindern sehnte, denen das Gleiche zugestoßen ist wie ihr, betreibt allein und mit viel Sozialkompetenz die Website www.sternenkinder-geschwister.ch. Sie hat inzwischen viele Kinder kennen gelernt, die einen Bruder oder eine Schwester verloren haben. Und sie konnte sogar in »Krebs ist doof« mitmachen, einem Dokumentarfilm des Schweizer Fernsehens SRF. Darin wird die Geschichte des krebskranken kleinen Silvan erzählt, seiner drei Geschwister und die von Malin, die ihren Bruder bereits verloren hat. Malin ist auch im Einsatz als Reporterin für das Kinderprogramm »Zambo«. Dank ihr packte das Kinderspital Zürich das Thema verwaiste Geschwister an und organisierte erstmals ein Wochenende, an dem betroffene Eltern und Kinder, von Fachleuten betreut, miteinander redeten, bastelten und spielten.

Wir drei Generationen bleiben unterwegs und dem Leben zugewandt.

Nachtrag

Durch mein Engagement für Sternenkinder-Großeltern und Kerstins Projekt Herzensbilder bekomme ich tagtäglich Einblicke in ganz viele Sturmgeschichten, die mich immer wieder sehr berühren. Aus eigener Erfahrung zu wissen, was es heißt, meistens jahrelang in einem Ausnahmezustand leben zu müssen, wurde es mir zu einem wichtigen Anliegen, Familien mit sterbenskranken Kindern auch finanzielle Hilfe bieten zu können.

Kurz vor Drucklegung meines Buches habe ich – zusammen mit vier Frauen, die mich großartig unterstützten – den Verein Sternentaler gegründet. Er hat das Ziel, Lösungen zu finanzieren, die es Sturmfamilien ermöglichen, ihren herausfordernden Aufgaben gerecht zu werden, und ihnen wenigstens finanziell ein wenig Linderung zu verschaffen.

Mehr über den Verein, den Vorstand, Spendenmöglichkeiten und alle »Sternenkinder«-Links finden Sie auf unserer Website. **www.sternentaler.ch**

Dank

Mein Dank ist eine tiefe Verbeugung…

…vor meiner Tochter Kerstin Birkeland Ackermann, meinem Schwiegersohn Simon Ackermann und meiner Enkelin Malin, den Kapitänen dieser Reise. Klug und besonnen nahmen sie uns an die Hand und lehrten uns, dass wir weit über uns hinauswachsen können. Mutig boten sie allem die Stirn, was das Leben in dieser schweren Zeit zusätzlich verdunkelt hätte, und machten so Tag für Tag winziges Glück in allen Klangfarben möglich.

…vor meinem großartigen Mann Heiri, den ich mir zuvor nicht als idealen Krankenpfleger hatte vorstellen können. Er stieg als einer der Ersten mit an Bord, stellte sich tatkräftig und beherzt dem Sturm entgegen und gab mir jeden Tag von neuem die Kraft, an Tills Abschiednehmen nicht zu zerbrechen.

…vor Tills beeindruckenden Ärzten, Professor Dr. Michael Grotzer und Frau Dr. Eva Bergsträsser, und vor all den anderen medizinischen Fachkräften des Kinderspitals Zürich, der Neurologie und Radiologie des Universitätsspitals Zürich und der Ita-Wegman-Klinik Arlesheim, die unseren kleinen Mann mit so viel Wärme, Anteilnahme und Kompetenz untersuchten, operierten, therapierten, bestrahlten und pflegten. Dank ihnen konnte Till dort auch in schlechten Zeiten lachen.

… vor Rosanna Abbruzzese, Psychologin am Kinderspital Zürich, die uns mit Rat und Tat zur Seite stand, wann immer es schwierig und eng wurde, und vor all den anderen Therapeuten, die den beiden Kindern so liebevoll weiterhalfen. Ihnen allen gelang es immer wieder, Lösungen für eigentlich Unmögliches zu finden.

… vor Tills und Malins Cousinen und Cousins und den vielen kleinen Freunden, die mit an Bord hüpften, und vor deren Eltern, die ihre Ängste überwanden und uns im Sturm bis zuletzt nicht allein ließen.

… vor meinem Sohn Nils, seiner Frau Marielle und deren Eltern Trix und Toni und vor all den Verwandten und treuen Freunden, die hin- statt wegschauten. Die in ihrem Alltag Raum schufen für uns und unsere Nöte und immer genau das gaben, was wir gerade brauchten. Sie stellten sich schützend zwischen uns und den Abgrund und wärmten uns in einem Meer aus Licht. Vier Jahre lang.

… vor Sonja Slongo Müller, meinem persönlichen Schutzengel, die einfach in mein Leben zurückgekehrt ist, um mich durch die schwärzesten Stunden zu begleiten.

… vor all den Frauen, Männern und Kindern, die erst durch Tills Krankheit zu uns fanden und uns ein Stück des Weges begleiteten oder bei uns blieben bis zum Schluss, verlässlich, mit offenem Herzen, klugen Ideen und hilfreichen Taten.

… vor meiner Chefin, Ruth Schnidrig, meinen Kollegen und Kolleginnen, die Arbeitszeit mit mir teilten, Anteil nahmen, mich spüren ließen, dass wir nicht allein sind, und damit ein Stücklein von dem Boden wurden, der uns trug.

… vor Tills Hausarzt, Dr. Jürg Fatzer, und seiner Frau Susi, die wir zu jeder Tages- und Nachtzeit rufen konnten.

… vor all den Lehrenden, den Behördemitgliedern und den verständigen Mitschülern und -schülerinnen vom Schulhaus Grüebli und vor den Lehrenden und Therapeutinnen der Heilpädagogischen Schule der RGZ-Stiftung.

… vor Katharina Hoby, die uns dort abholte, wo wir standen, die uns Kirchenferne dem Himmel wieder ein Stücklein näher brachte, durch das, was sie sagte und tat.

Ein großes Danke auch an Steven Schneider, Sybil Schreiber und Sonja Bonin, die mir in ihrem Jahresbiografiekurs in Bad Zurzach Schreibflügelchen verliehen, sowie an alle Teilnehmerinnen des Kurses für ihre Unterstützung. An die lieben Mutmacherinnen, die meine Texte lasen, und an Brigitte Matern fürs Lektorieren.

Glossar

Seite 19 **Meme, ich wett nächschts Jahr wider uf Ööschtriich und hundert Jahr im Chinderhotel bliibe.** – Großmutter, ich möchte nächstes Jahr wieder nach Österreich und hundert Jahre im Kinderhotel bleiben.

Seite 24 **Meme, bisch no daa?** – Großmutter, bist du noch da?

Seite 54 **Dr Till häts gschafft.** – Till hat es geschafft.

Seite 56 **Du fählsch.** – Du fehlst.

Dr Till häts gschafft, du bisch üsre grosse Held, wirsch zum Superstar jetz gwählt. – Till hat es geschafft, du bist unser großer Held, wirst zum Superstar jetzt gewählt.

Seite 59 **Gäll, petite Meme, jetz kännsch de petit Monsieur nüme.** – Gell, kleine Großmutter, jetzt erkennst du den kleinen Monsieur nicht mehr.

Seite 61 **Gäll, Mama, mir finded e Löösig.** – Gell, Mama, wir finden eine Lösung.

Ja, min Held, sicher finded mir e Löösig für alles. – Ja, mein Held, sicher finden wir eine Lösung für alles.

Seite 62 **Ich ha nöd wele brüele, und jetz isch es doch passiert. Mues me nüme so schnäll brüele, wänn me erwachse isch?** – Ich wollte nicht weinen, und jetzt ist es doch passiert. Muss man nicht mehr so schnell weinen, wenn man erwachsen ist?

Seite 70 **Gäll, Till, du häsch so Glück gha, dass de Tumor oder d Operation nüt kaputt gmacht hät i dim Hirn. Du bruchsch es doch zum Läse. Zum Glück isch nur s Gliichgwicht beschädiget und nöd s Läsehirn.** – Gell, Till, du hast so ein Glück gehabt, dass der Tumor oder die Operation nichts im Hirn kaputt gemacht hat. Das brauchst du doch zum Lesen. Zum Glück ist nur das Gleichgewicht beschädigt und nicht das Lesehirn.

Gäll, du liebe Buechstabe-Maa! – Gell, du lieber Buchstaben-Mann!

Seite 72 **Ewigi Liebi.** – Ewige Liebe.

Seite 85   **Has scho gwüsst, dass er chunnt. Ha mit Gott gredet, und er hät gseit, er schickt ihn grad.** – Hab es schon gewusst, dass er kommt. Hab mit Gott geredet, und der hat gesagt, dass er ihn sofort schickt.

Seite 86   **Das isch en Glückstag, Meme!** – Das ist ein Glückstag, Großmutter!

Uf de Wält sind d Unterschiid so himmelwiit, eim gahts guet, und eim gahts schlächt, viles isch ungerächt ... Gott im Himmel macht debii kei Unterschiid ... für ali gilt sin Säge immer himmelwiit. – Auf der Welt sind die Unterschiede so himmelweit, dem einen geht es gut und dem anderen geht es schlecht, vieles ist ungerecht ... Gott im Himmel macht keinen Unterschied ... für alle gilt sein Segen immer himmelweit.

Meme, glaubsch du a Gott? – Großmutter, glaubst du an Gott?

Seite 88   **De Papa isch lieb, und d Mama isch lieb. Mir hürated ali enand.** – Der Papa ist lieb, und die Mama ist lieb. Wir alle heiraten einander.

Till, ich ha dich so lieb und würd für dich d Sune, de Mond und ali Sterne abehole. – Till, ich hab dich so lieb und würde für dich die Sonne, den Mond und alle Sterne herunterholen.

Seite 91   **Es stimmt also doch, dass er ales gseht und ales weiss.** – Es stimmt also doch, dass er alles sieht und alles weiß.

Seite 92   **Gäll, ihr beschützed mich, gäll, ihr beschützed mich, so fescht ihr chönnd?** – Gell, ihr beschützt mich, gell, ihr beschützt mich so fest ihr könnt?

Seite 97   **So es feins Wässerli!** – So ein feines Wässerchen!

Seite 98   **Chumm, Meme, mir gönd ufe.** – Komm, Großmutter, wir gehen hoch.

Seite 108   **Mama, mis Herz isch jetzt wider vil liechter.** – Mama, mein Herz ist jetzt wieder viel leichter.

Seite 109   **Was du dir uu fescht wünschisch und du uu fantasiersch, cha mit uu Glück passiere, wenn du uu fescht probiersch.** – Was du dir ganz fest wünschst und ganz fest vorstellst, kann mit ganz viel Glück eintreffen, wenn du es nur ganz fest probierst.

Seite 112   **Wo isch Gott? Im Himmel. Wo isch das? Überall, wo Mänsche mitenand de Himmel sueched, wo Mänsche Hand in Hand de Schwache lueged.** – Wo ist Gott? Im Himmel. Wo ist das? Überall, wo Menschen miteinander den Himmel suchen, wo Menschen Hand in Hand nach den Schwachen schauen.

Seite 114   **Mama, gäll, ich ha de Tumor nöd mis ganzi Läbe lang.** – Mama, gell, ich habe den Tumor nicht mein ganzes Leben lang.

Seite 125   **Ich träume niene so guet wie ime Nachtzug, isch s Bett au härt, es isch mirs wert.** – Ich träume nirgends so gut wie im Nachtzug, ist das Bett auch hart, das ist es mir wert.

Mama, du bisch min Held. Mama, du bisch min Suneschii. Mama, du bisch min Goldschatz. – Mama, du bist mein Held. Mama, du bist mein Sonnenschein. Mama, du bist mein Goldschatz.

Seite 134   **Ich stah hinnär diär.** – Ich stehe hinter dir.

Seite 138   **Ich ha no es Hüngerli.** – Ich habe noch ein Hüngerchen.

Seite 140   **Ich will kän Tumor mee im Chopf.** – Ich will keinen Tumor mehr im Kopf.

Seite 143   **Hoffentlich chunnt e Cobra.** – Hoffentlich kommt eine Cobra.

           Has doch gwüsst, dass e Cobra chunnt. Mir händ doch immer Glück. – Hab ich es doch gewusst, dass eine Cobra kommt. Wir haben doch immer Glück.

Seite 145   **Gäll, Mama, das isch ganz es schöns Lied.** – Gell, Mama, das ist ein ganz schönes Lied.

Seite 146   **Weisch, Mama, de Till cha doch jetz nüme springe und turne. Da würds doch guet passe, wänn er en Schmätterling wird, wo liecht und beweglich zum Himmel ufeflügt, ufe, abe, rächts und links, grad so, wie er Luscht hät. En Schmätterling, wo ales cha, was de Till jetzt nüme cha.** – Weißt du, Mama, Till kann doch jetzt nicht mehr herumspringen und turnen. Da würde es doch gut passen, wenn er ein Schmetterling werden würde, der leicht und beweglich in den Himmel fliegt, hoch und runter, nach rechts und nach links, gerade so, wie er Lust hat. Ein Schmetterling, der alles kann, was Till jetzt nicht mehr kann.

Seite 148   **Es Witzli gsi, es Witzli gsi.** – Das war ein Witzchen, das war ein Witzchen.

Seite 150   **Wie chönnt er zuelaa, dass de Till Chräbs hät.** – Wie könnte er zulassen, dass Till Krebs hat.

Seite 151   **Dänn will ich au tauft werde.** – Dann will ich auch getauft werden.

Seite 166   **Du bisch es Vorbild, e richtige Held / ja, du häsch üs zeiget, was da würggli zelt.** – Du bist ein Vorbild, ein richtiger Held / hast uns gezeigt, was hier wirklich zählt.

Trostvoll

Rebecca Panian | Elena Ibello
Zu Ende denken
Worte zum Unausweichlichen
Mit Fotografien von Gianni Pisano

208 Seiten, gebunden
mit Schutzumschlag
13,5 × 21,2 cm
Print ISBN 978-3-03763-032-7
E-Book ISBN 978-3-03763-539-1
www.woerterseh.ch

»Manchmal gehe ich auf den Friedhof. Auch da lebe ich ein bisschen wie auf einem anderen Planeten. Andere spielen dann vielleicht draußen Fußball, und ich mache zur gleichen Zeit das Grab meines Bruders wieder schön. Ich habe jetzt einen Sternenbruder.« Diese Worte schrieb Malin, Tills kleine Schwester, auf, als sie von Rebecca Panian und Elena Ibello gebeten wurde, ihre Erfahrung mit dem Tod mit anderen zu teilen. Im Buch »Zu Ende denken« hat auch die Mutter der beiden, Kerstin Birkeland Ackermann, ihre Gedanken zum Sterben zu Papier gebracht, genauso wie viele andere Menschen. Die Texte sind berührend, aufrüttelnd, ehrlich, schnörkellos und gerade deshalb unglaublich trostvoll.